KB136750

부모의 생각혁명

부모의 생각혁명

초판 1쇄 펴낸 날 ｜ 2017년 9월 20일

지은이 ｜ 강석훈
펴낸이 ｜ 이종근
펴낸곳 ｜ 도서출판 하늘아래

주소 ｜ 서울시 종로구 이화장1가길 부광빌딩 402호
전화 ｜ (02)374-3531
팩스 ｜ (02)374-3532
이메일 ｜ haneulbook@naver.com

등록번호 ｜ 제300-2006-23호

© 강석훈, 2017
ISBN 979-11-5997-011-5 (03370)

* 잘못 만들어진 책은 바꾸어 드립니다.
* 이책의 저작권은 도서출판 하늘아래에 있습니다.
* 하늘아래의 서면 승인 없는 무단 전재 및 복제를 금합니다.

부모의 생각이 천재를 낳는다

부모의 생각혁명

강석훈 지음

아이를 행복한 천재로 깨워라!

봄은 위대하다.

봄은 겨울의 꿈을 실현하는 자다.

이 땅의 청소년들이 봄처럼 깨어나기를 소망한다.

우리는 모두 천재다. 그러나 천재의 씨앗들이 만년설에 묻혀 있어 깨어나질 못하고 있다. 그것은 마치 씨앗을 품고만 있는 겨울과도 같다. 긴 겨울잠 속에서 우리는 자신이 천재인지조차 모르고 산다. 이제는 그 잠자는 천재를 깨워야 한다. 누가 깨울 수 있는가? 바로 부모인 당신이다. 당신의 생각이 자녀들을 긴 겨울잠에서 깨어나게 할 수 있다. 당신의 위대한 생각이야말로 생명을 부르는 '봄'이다. 봄 햇살이 각 가정에 두루 퍼질 때 만년설이 녹아내릴 수 있다. 아이들의 천재성이 깨어나면 그들의 삶에도 비로소 봄이 올 것이다. 지금 필요한 것은 당신의 생각을 살짝 바꾸는 일이다.

당신의 아이는 천재인가
둔재인가? __

나는 단언한다. 당신의 아이는 확실한 천재다. 지금 이 주장은 여러분에게 매우 황당하게 들릴지 모른다. 그러나 나는 확신한다. 이 책의 제1장 '천재는 누구인가'의 마지막 페이지를 덮으면서 여러분은 스스로 말하게 될 것이다.

"아, 우리 아이가 정말 천재구나. 그리고 나도 천재구나. 우리는 모두 천재들뿐이구나."

더 이상 세상을 바꾸려하지 말고 당신의 마음을 바꾸어라. 그러면 세상은 이미 바뀌어 있을 것이다. 이 말을 한 번 더 되풀이해보자. 더 이상 아이를 바꾸려하지 마라. 당신의 생각만 바꾸면 이미 아이는 천재라는 사실을 발견하게 될 것이다.

당신의 자녀는 이미 천재다! 부모는 이 사실만 믿으면 된다. 이것이 위대한 자녀교육의 시작이다. 비록 아이의 학교성적이 꼴찌라도 그것은 극히 부분적이고 일시적인 것인 것이다. 당신의 자녀는 이미 천재이고 행복한 천재로 평생 살아갈 수가 있다. 다만 부모는 자녀에 대한 지나친 집착과 욕심에 가려 보지 못할 뿐이다. 그런데 부모가 이것을 깨닫지 못하면 아이를 끊임없이 남들과 비교하기 쉽다. 그 결과 자녀는 늘 열등감에 시달려 불행해진다는 사실을 알아야 한다. 부모가 들어서 오히려 자녀의 인생을 망치는 꼴이다.

'당신의 아이는 이미 천재다.' 부모가 믿든 안 믿든 이것은 사실이다. 부모가 이것을 믿는 순간 아이는 실제로 그렇게 되어 간다. 그것은 마치 파란 하늘을 가리고 있던 '때 묻은 유리창을 닦으면 본래의 파란 하늘이 드러나는 것'과 같은 이치다. 이것이 바로 생각의 기적이다. 이런 긍정적 믿음이 자녀교육의 근본이 되어야 한다.

자녀를 긍정적으로 바라보는 순간, 겨우내 꽁꽁 얼어붙었던 천재의 씨앗들이 싹을 내밀기 시작할 것이다. 중요한 것은 잠자는 천재를 깨우는 일이다. 이것은 부모가 '천재는 누구인가'를 올바르게 인식하고, 자녀를 바라보는 시각만 바꾸면 가능하다. 이 책은 대한민국 부모들이 반드시 읽어야 하는 필독서다. 이 책을 읽으면 당신은 자녀를 행복한 천재로 키울 수 있지만, 그렇지 않으면 부모로서 본의 아니게 자녀의 삶을 힘들게 할 수도 있다.

이 아이들을
어찌 할 것인가? ──

대한민국 학부모들이여, 귀댁의 자녀는 지금 행복한가? '그렇다'는 대답이 절대적으로 많기를 바란다. 그런데 중요한 것은 부모의 생각이 아니라 자녀들의 대답이다. 그들에게 직접 물어보라, 행복하냐고. 그것이 어렵다면 아이들의 대답을 간접적으로 들을 수 있는 방법이 있다. 그것은 우리 부모들의 자성적 질문이다. 스스로에게 물어보

라. "나는 지금 자녀를 살리는 교육을 하는가, 죽이는 교육을 하는가? 그리고 누구를 위한 교육을 하고 있는가?"

안타깝게도 우리의 소중한 자녀가 하루에 한 명꼴로 자살하고 있다. 그중 삼분의 일이 성적, 입시 때문에 자살한다. 청소년 자살충동원인 중 53.4%가 성적과 진학, 12.6%가 가정불화이다. 부모와의 갈등으로 부모에게 복수하는 아이들이 갈수록 늘고 있다. 그들은 분노에 가득 찬 채 저항하거나 가출하고, 혹은 자기를 살해하거나 부모를 살해한다. 모두가 행복하려고 하는 공부인데, 지나치게 강요된 공부로 인해 서로를 미워하고 죽이는 결과를 낳고 있다.

우리 집 아이는 이 정도까지는 아니라고 자위할 수도 있다. 맞다. 위의 경우는 뉴스에 나올 정도로 아직까지 드문 사건일 수도 있다. 그러나 더 큰 문제는 '눈빛을 잃은 다수의 아이들'이다. 학교에만 오면 의욕을 잃고 엎드려 자거나 딴 짓을 하는 '공부의 구경꾼들'이 너무 많다는 사실이다. 아이들은 밤늦도록 사교육기관에서 시달리고 학교에서는 속절없이 달리는 진도수업에 절망하고 있다. 그 결과 하루 평균 164명의 학생들이 학교를 떠나고 있다. 지금 30만여 명의 학생들이 학업을 그만두고 길거리를 헤매고 있다(2015년 기준).

끓고 있는 아이들의 분노와 스트레스는 주로 언어로 표현된다. 우리나라 청소년들은 75초에 1회 욕설을 한다. 친구와 가족에 대한 언어폭력이 완전히 습관화된 것이다. 고등학교에 진학하면 우리나라 학생들의 학업스트레스(72.6%)는 단연 세계 최고다. 하루 공부시간 양이 세계 최고인 것과 반비례하여, 절반 이상(53.8%)이 수업시간에 불행하다고 한다. 수업 중에 한 번도 질문하지 않는 아이들은 무려 42%나 된다. 청소년 행복지수, 학습 흥미도, 자기관리 능력, 더불어 사는 능력 등은 OECD 국가 중 최저를 차지하고 있다.

무엇이 아이들을 이토록 힘들게 하는가? 여러 가지 이유가 있겠지만, '영유아기 자녀의 부모 보살핌 부재현상'이 가장 큰 이유이다. 인성발달에 가장 중요한 시기는 태어나서부터 취학 전까지다. 그런데 우리 아이들은 너무 일찍부터 가정 밖으로 내몰리고 있다. 특히 태어나서 만 3세까지는 부모의 '절대적 보살핌'이 필요한 시기다. 그러나 많은 아이들은 생후 몇 개월부터 엄마를 떠나 남의 손에 맡겨진다. 엄마의 품을 잃은 아이들의 심리적 불안감은 이루 말할 수 없다. 아이들이 가정에서 부모의 따뜻한 사랑과 가르침을 받을 기회가 적다. 그 결과가 청소년기에 극심한 심리적 불안으로 나타나고 있는 것이다.

부모는 아이들이 세상에서 만나는 최초의 스승이다. 그런데 우리나라 많은 부모들은 아이들의 교육마저 일찍이 바깥에 맡겨버린다. 아이들은 부모와 함께 가정에 머무는 기간이 점점 짧아지고 있다. 어릴 때부터 이른바 '사교육 광풍'에 휩쓸린다. 육아정책연구소는 〈육아정책 Brief〉 2016년 12월호에서 영유아의 사교육 실태를 발표했다. 그 실태조사보고서에 따르면 우리나라 만 2세 아동과 5세 아동의 사교육 비율이 각각 35.5%, 83.6%에 달했다. 이 나이부터 아이들은 눈만 뜨면 놀이방, 어린이집, 학원, 유치원 등을 돌아야 한다.

그 결과는 고스란히 부메랑이 되어 우리에게 돌아오고 있다. 부모에게 보복하는 아이들이 점점 늘고 있다. 어릴 때부터 위탁교육에 길들여진 아이들은 부모에 대한 존경심이 옅어져간다. 정서가 불안하여 충동적이고, 예절과 배려를 몰라 무례하고, 분노조절에 실패할 때면 큰 사고를 치기도 한다. 이런 것들은 모두 가정에서 부모로부터 배워야 할 소중한 인성 덕목들이다.

오늘날 아이들의 정신 건강이 매우 위험한 수준이다. 이 점은 여러 교육통계자료가 보여줄 뿐만 아니라, 필자가 교육현장에서 오랫동안 아이들을 가르쳐오면서 절감하는 일이다. 학교생활에 어려움을 겪는 대다수 아이들의 이면에는 건강하지 못한 가정생활이 숨어 있다. 이 문제를 덮어두고서 우리 아이들이 행복할 수가 없다. 대한민국 청소년들이 행복해지려면 부모의 인식 전환이 절실하다. 아이를 살리기 위하여, 우리 모두의 행복을 위하여!

행복한 천재는 어떻게 태어나는가? —

세상 모든 부모들이 가장 궁금해 하는 질문이다. 부모라면 누구든 자녀를 '행복한 천재'로 키우고 싶을 것이기 때문이다. 그 비결은 바로 당신의 생각에 달렸다. 인간은 모두 위대한 능력을 가진 천재다. 그렇다고 누구나 다 위대한 삶을 사는 것은 아니다. 천재와 위대한 삶은 별개다. 문제는 자녀에게서 어떻게 위대한 천재를 이끌어낼 것인가이다. 그것은 바로 당신의 시각에 달렸다.

아이의 주전자에 무엇을 붓고 있는가? 주전자 속에 콜라를 부어놓고 따르면 콜라가 나오고, 맑은 물을 넣고 따르면 맑은 물이 나오게 마련이다. 부모가 자녀를 늘 근심 어린 눈으로 아이를 바라보고 '부족한 아이', '바보', '등신'이라고 생각하면서 좋은 학원 보내는 것은 주전자에 콜라를 부어놓고 맑은 물이 나오기를 바라는 것과 같다. 부모가 자녀를 한 번도 천재라고 생각하지 않으면서 어떻게 천재를 얻을 수 있겠는가? 내가 아이를 긍정의 눈으로 바라볼 때, 아이도 자신을 긍정적으로 바라보게 된다. 당신은 지금 아이의 주전자에 무엇을 붓고 있는가?

자녀교육혁명을 위한
가이드북 __

아이들의 불행을 끝내고 행복하게 성장하도록 도와주는 것이 자녀교육혁명이다. 그 혁명은 천재에 대한 고정관념 깨트리기에서 시작한다. 제1장 '천재는 누구인가?'에서 천재에 대한 당신의 관념이 무너질 것이다. 곧 평범한 내 자녀가 천재임을 깨닫고, 사소함이 위대한 이유를 알게 될 것이다. 이른바 천재의 발견이다.

'부모가 자녀를 어떻게 바라보느냐.' 이것이 자녀교육혁명의 핵심이다. 따라서 제2장 '천재를 원하면 관점부터 바꿔라'는 당신의 시야를 크게 열어줄 것이다. 부모가 자녀에 대한 암시, 자녀를 바라보는 시각이 자녀의 모든 것을 바꾸어버릴 수 있다. 이것을 '로젠탈 효과'라 한다. 아이의 IQ와는 전혀 상관없이 부모의 긍정적 기대만으로도 긍정적 결과를 이끌어낼 수 있다. 이 장에서 당신은 관점만 살짝 바꾸어도 행복한 천재를 얻을 수 있음을 보게 될 것이다.

아이에 대한 시각을 바꾸었다면 이제 당신은 진정으로 아이를 도와줄 수 있다. 제3장 '천재는 무엇으로 성장하는가?'는 세계적인 천재들이 어떻게 천재성을 계발해왔는가를 보여준다. 여기서 천재들의 특징을 읽고 아이들에게 하나씩 가볍게 들려주라. 자녀들이 삶의 방향과 롤모델을 찾는 데 큰 도움이 될 것이다.

당신이 막상 실생활에서 아이를 도와주려고 할 때, 순간 막막해질 수 있다. 이때는 제4장 '천재성을 여는 일곱 개의 열쇠'를 열어보라. 아이의 정신적 성장을 도울 수 있는 일곱 가지 핵심 아이디어를 만나게 될 것이다. 자녀가 흔들릴 때 당신은 자녀의 훌륭한 멘토가 되어줄 수 있다. 당신 또한 자녀교육의 중심을 잃지 않게 될 것이다.

마지막 제5장은 '생각으로 천재를 깨운 부모들'이다. 부모의 생각이 어떻게 자녀를 천재로 성장시키는가를 보여주는 실제 사례들이다. 이 장은 독자들에게 매우 충격적으로 다가올 수도 있다. 천재를 키운 부모들의 자녀교육이 놀라울 만큼 단순하기 때문이다. 알고 보면 진리는 언제나 쉽고 간단한 법이다. 여기서 당신은 큰 용기를 얻게 될 것이다.

부모의 생각에서
행복은 시작된다 __

대한민국 부모들이여! 몸과 마음이 지쳐 있는 청소년들이 활짝 깨어나 마음껏 기상을 펼치는 모습을 보고 싶지 않은가? 그렇다면 가장 먼저 '내 아이가 지금 건강하게 살아 있는 것만으로도 감사하다.' 이런 마음으로 아이를 대하라. 아이에게 당신은 세상에서 가장 큰 위안처가 될 것이다. 한 걸음 더 나아가 '내 아이는 진정한 천재다', '지금 이 모습 이대로 완전한 존재이다.' 이런 시각으로 아이를 바라보라. 당신은 일상에서 아이의 많은 장점을 발견하게 될 것이다. 이것은 신기한 마술이 아니다. 긍정의 마음이 낳은 긍정의 결과이다. 이것이 자녀를 천재로 만드는 핵심전략이다. 당신이 생각을 바꾸는 순간 천재는 깨어난다.

가정은 천재를 낳는 산실이다. 부모는 어린 천재들의 가장 훌륭한 스승이다. 아이들이 행복하게 성장하도록 도와주려는 당신에게 이 책이 유용한 가이드북이 되기를 바란다.

부산동여자고등학교
금련산자락에서

차 례

제4장 천재성을 여는 일곱 개의 열쇠

제5장 생각으로 천재를 낳은 부모들

1
천재는
누구인가?

"인류 역사상 처음으로 모든 사람이
자신의 천재적 특성을 발휘할 수 있는 시대가 열리고 있다."

– 진 휴스턴(Jean Houston) –

우리는 왜
천재 앞에 주눅 드는가?

천재에 대한
열등감

세계에서 가장 유명한 천재가 있다. 그가 지금 당신을 만나러 왔다. 그것도 바로 당신 집으로 직접 찾아왔다. 당신의 기분은 어떨까? 무척 당황스러울 것이다. 아마 평범한 당신으로서는 어찌할 바를 몰라 극도로 흥분할지 모른다. 그래서 그를 감히 범접할 수 없는 '신비로운 능력을 가진 자'로 대할지도 모른다. 이렇듯 우리는 열에 아홉은 천재를 매우 신기하고 경이로운 눈으로 쳐다볼 것이다. 특히 대한민국에서 천재는 평범한 사람과는 너무도 거리가 먼 외계인과도 같은 존재로 여겨지고 있다. 우리나라 국민들은 지능이 세계에서 가장 우수한 민족이다. 그런데도 왜 우리는 세계적인 천재 이야기만 나오면 위축되는가? 그것은 바로 '천재에 대한 열등감' 때문이다. 혹은 '천재에 대한 오해' 때문이다.

천재에 대한
오해

"와! 천재다, 천재."

나의 동료들이 나에게 던지는 말이다. 나는 당구를 참 좋아한다. 그래서 교직 동료들과 20년 동안 당구모임을 하고 있다. 우리는 자주 당구게임을 한다. 게임에서 내가 아주 어려운 상황에서 멋지게 공을 쳐서 점수를 받으면 동료들은 나에게 일제히 찬사를 던진다. "야! 진짜 천재다, 천재. 당구천재!" 나는 이 말을 들으면 기분이 참 좋아진다. 동료들의 칭찬은 허투루 하는 말이 아니다. 내가 정말 어려운 공을 최고로 집중하여 성공했기 때문에 들을 수 있는 말이다. 동료들이 나를 천재로 규정하는 순간, 나는 정말 천재처럼 공을 치게 된다. 나 스스로 기분이 좋아지면서 내면에 숨어 있는 천재성이 스멀스멀 기어 나온다. 그 순간 나도 나 자신을 천재로 규정하게 된다. 이때부터 게임은 급속도로 내가 승리할 확률이 높아진다. 참 재미있는 현상이다.

"당구천재가 무슨 천재야? 기껏 천재가 이런 사람을 뜻한단 말인가? 당구 하나 가지고 천재라 불러준다면 세상에 천재 아닌 사람이 어디 있겠나?" 내 이야기를 듣고 어떤 이는 실망할지도 모른다. 하지만 바로 그 사소한 일에 주목해야 한다. 그 사소함 속에 우리의 위대함이 숨어 있는 것이다. 사람들은 겉으로 드러난 것만 보고 믿는 경향이 있다. 겉으로 드러난 사소함의 저변에는 거대한 전체가 들어 있음을 보지 못한다. 그리고 그 사소함과 거대함은 결국 한 덩어리임을 알지 못한다. 우리 인간의 겉모습은 비록 작지만 본래는 크고, 본성은 위대하나 드러난 모습은 아주 작을 수 있다. 이것을 두고 옛 성인은 "하나 속에 전부가 있고, 전체 속에 개체가 들어 있다"고 했다.

우리 모두는 천재다. 감히 나는 이렇게 주장한다. 이 주장은 많은 사람들에게 매우 충격적으로 들릴지 모른다. 그래서 선뜻 받아들이지 못할 수도 있다. 왜 이런 주장이 충격적으로 들릴까? 지금부터 하나씩 생각해보자.

가장 큰 이유는 오늘날 우리의 의식이 너무 쪼그라들어 있기 때문이다. 즉 우리의 생각이 개체에 머물러 있어 큰 우주적 의식으로 사물을 보지 못한다는 말이다. 적어도 우리 선조들은 그러하지 않았다. 사람이 곧 하늘이라는 넓고 큰 의식으로 살았다. 그에 반해 오늘날 우리는 우주적 의식을 상실하고 개체 의식에 머물러 있는 경우가 많다. 그러면 '천재'라는 말은 너무 높고도 먼 존재로 느껴질 수 있다.

다음은 천재라는 말에 대한 우리의 그릇된 관념 때문이다. 사전적 의미로 천재는 '선천적으로 타고난, 남보다 훨씬 뛰어난 재능을 가진 사람'을 뜻한다. 이러한 사전적 정의 때문에 우리는 천재에 대한 잘못된 관념을 갖고 있다. 즉 천재는 이미 태어날 때부터 만들어진 극소수의 존재만을 지칭한다는 관념이다. 이런 관념 때문에 우리 대다수는 소수의 천재 앞에서 위축된다. 그러나 최근 쏟아지는 천재에 관한 많은 연구들은 이 사전적 정의를 완전히 뒤집고 있다. 즉 인류역사상 우리가 천재라고 부르는 위인들은 대다수 '천부적으로 타고난 재능이 있는 자'들이 아니다. 오히려 천재는 평범하게 태어났지만 '자신의 재능을 스스로 발견하고 적절한 환경과 피땀 어린 노력 속에서 위대한 성취를 이룬 사람'이라는 것을 입증하고 있다.

아직도 천재를 '선천적으로 타고난 사람'이라고 정의한다면 우리는 앞으로도 계속 유전학적 한계 앞에 절망할 수밖에 없다. 우리에게 천재는 '너무나도 먼 당신'이 된다. 그러나 최근 천재에 관한 연구들은 이런 정의가 허구임을 보여주고 있다. 다수의 범재인 우리에게 큰 위안이 아닐 수 없다. 또한 타고난 천재라 할지라도 노력하지 않으면 아무런 위대한 결과를 낳을 수 없다는 점도 잘 보여주고 있다. 천재는 저절로 만들어지는 것이 아니다. 천재는 '노력을 통하여 자신의 천재성을 발휘한 자'이다.

위대한 천재 조각가로 추앙받는 미켈란젤로는 이렇게 말했다.

"내가 지금의 경지에 이르기 위해 얼마나 열심히 일하고 또 일했는지 사람들이 안다면, 내가 하나도 위대해 보이지 않을 것이다."

19세기 러시아 문학을 대표하는 세계적 대문호 톨스토이도 '천재란 인내하는 자'라고 했다. 이처럼 천재는 자신의 재능을 발견하고 그 것을 꾸준하게 가꾸어 위대한 꽃을 피운 자에게 붙여주는 찬사다. 천재는 철저하게 만들어진 위대한 존재들이다. 이제 천재에 대한 정의를 새롭게 수정해야 한다.

천재에 잘못된 관념은 우리를 아주 나약한 존재로 만들어버렸다. 천재는 우리와는 전혀 다른 '기이한 사람, 특별한 재능이 있는 사람, 저절로 태어난 사람, 그래서 극소수만 될 수 있다.' 이런 생각들은 우리와 천재의 거리를 더욱 떨어트려놓았다. 이것은 천재와 천재가 낳은 작품(결과물)을 혼돈해서 생긴 일이다. 우리가 천재 앞에 주눅 드는 것은 천재라는 사람 때문이 아니다. 그들이 이루어낸 위대한 성과 앞에 크나큰 충격을 받기 때문이다. 천재들의 위대한 발견, 명작, 명품들 앞에 우리는 감동한다. 문제는 그 위대한 결과물 앞에 기가 죽어 우리 스스로가 천재라는 사실을 잊는 것이다. 다시 말하지만, 우리 모두는 천재다. 그렇다고 해서 누구나 다 위대한 결과물을 낳는 것은 아니다. 천재의 명작은 위대한 노력에서 얻게 되는 놀라운 성과일 뿐이다.

우리 모두가 천재다

진정한 문제는 우리가 스스로 천재임을 모르는 데 있다. 과연 천재는 희귀한 재능을 가진 소수의 존재들만을 뜻하는가? 그렇지 않다. 우리 인간은 모두가 천재다. 특별한 재능이 있건 없건, 위대한 성취를 했건 못했건, 장애가 있건 없건, 소수이건 다수이건, 남녀노소 상관없이, 종교 · 사상 · 철학에 관계없이 말이다. 이 땅에 생명으로 존재한다는 사실만으로도 우리는 충분히 천재이다. 왜 그런가? 하늘 아래 이 땅 위에 어느 누구 하나 똑같은 사람이 있는가? 하늘은 각자에게 모두 다른 재능을 부여했다. 지금부터 나는 '하늘(天)이 부여한 재능(才能)을 가진 자'를 천재라고 부를 것이다. 모든 사람은 다 하늘이 부여한 각자의 재능을 지니고 있다. 그러니 우리 모두가 천재다.

이것은 말장난이 아니다. 보편적 사실을 말하는 것이다. 이것은 중요한 인식 전환의 문제이다. 내가 천재에 대한 우리의 인식 문제에 주목하는 이유는 다음에 있다. 지금까지 우리는 극소수의 특별한 재능을 가진 자들을 천재라고 지칭해왔다. 그러나 우리가 천재를 '극소수의 기이한 존재'로만 인식할 때 그 폐해가 너무 크다. 우선 스스로 평범하다고 생각하는 사람들은 자신이 가진 천재성을 전혀 발견할 수가 없다. 자신에게는 천재성이 없다고 스스로를 낮게 규정하기 때문이다. 인류의 관점에서 보며 위대한 재능들이 빛도 보지 못하고 말없이 사라지는 것이다. 이것은 인류에게는 엄청난 손실이다. 또한 스스로를 평범하다고 생각하는 대다수 사람들은 극소수 천재에게 비교되어 위축된 삶을 살 수밖에 없다. 이때 주로 나타나는 심리현상은 '나는 안 돼'라는 부정적인 마음이다. 특히 자라나는 아이들이 소위 '영재, 수재, 천재' 아이들에게 비교되면 자존감에 큰 상처를 받기 쉽다. 뿐만 아니라 극소수의 특이한 천재성을 가진 아이마저도 자신에게 쏟아지는 부담감 때문에 정상적으로 성장하기 어렵다는 것을 주목해야 한다.

이제 발상의 전환이 필요하다. 우리는 모두가 서로 다른 독특한 재능을 가진 천재들이다. 나도 천재고, 너도 천재다. 우리 모두는 서로 다른 천재다. 진 휴스턴(Jean Houston)이 자신의 저서《인간의 가능성과 도약의 시대(The Possible Human and Jump Time)》에서 밝힌 것처럼, "인류 역사상 처음으로 모든 사람이 자신의 천재적 특성을 발휘할 수 있는 시대가 열리고 있다." 이제 모든 사람들이 자신의 천재성을 발휘하는 시대가 다가오고 있다.

문제는 우리의 인식에 달렸다. 특히 자녀를 둔 부모가 어떤 시각으로 아이를 바라보는가는 자녀의 성장에 큰 영향을 미친다. 우리나라 부모들은 특히 1등에 대한 콤플렉스가 심하다. 특별한 재능을 드러내는 아이를 자기 자녀와 비교하면서 많은 문제가 발생하고 있다. 성장기 아이에게 가장 필요한 것은 자긍심이라는 것을 알아야 한다. 이제부터 우리 모두는 스스로 특별한 존재라는 생각으로 자신과 상대방을 바라볼 필요가 있다. 그러면 우리 자녀들이 이 모든 위축과 소외에서 벗어나 자유롭게 성장할 수 있을 것이다.

24

지금은 천재의
민주주의 시대다

생활기록부에서
IQ가 사라진 이유

   오랫동안 우리나라 학교생활기록부에는 학생의 '지능지수(IQ, intelligence quotient)'를 기록하는 난이 있었다. 담임은 학생을 상담할 때 주로 이 지수를 참조하여 학업성취수준을 기대해왔던 것이 사실이다. 그러다 보니 학생들 사이에서도 IQ가 높은 친구를 매우 신기한 눈으로 바라보곤 했다. 선생님과 아이들이 그 아이를 매우 총명할 것이라는 눈으로 바라보면 그 아이는 심리적으로 우월해지게 된다. 단순히 IQ가 높다는 사실 하나만으로도 높이 평가받던 시절이다. 지능지수인 IQ가 아이의 재능이나 학습능력을 보여주는 유일한 지표라고 믿었던 것이다. 그러나 어느 순간 생활기록부에 지능지수가 사라져버렸다.

그 이유가 여기에 있다. '우리 모두는 천재이다. 다만 그 영역이 다를 뿐이다.' 나의 이런 주장을 학문적으로 체계화한 사람이 있다. 하버드대학의 석좌교수인 하워드 가드너(Howard Gardner)다. 그는 '인간의 다중지능이론'을 주장했다. 즉 사람은 하나의 단일 지능만 있는 것이 아니라 다양한 지능을 가지고 있다는 것이다. 지금까지 인간의 능력을 하나의 지표(IQ)로만 측정하던 것을 여덟 개의 개별지능으로 나누었다. 음악 지능, 신체운동 지능, 논리수학 지능, 언어 지능, 공간 지능, 대인관계 지능, 자기이해 지능, 자연탐구 지능이다. 인간의 천재성은 다양한 형태로 나타날 수 있음을 잘 보여주는 대목이다. 가드너가 마지막 여덟 번째 '자연탐구 지능'을 제시한 것이 1995년이다. 이후로 우리나라 생활기록부에서도 IQ가 슬그머니 사라지게 된 것 같다.

이것은 인간의 능력을 계량하는 방법의 대혁신이다. 비로소 우리는 다양한 영역에서 천재성을 발휘할 수 있음을 인식하게 된 것이다. 이재영 교수는 《탁월함에 이르는 노트의 비밀》에서 다중지능의 발견으로 말미암아 '비범의 민주주의 시대가 도래하고 있다'고 주장한다.

하워드 가드너에 의해 제시되는 비범함의 다양성은 매우 의미가 있다. 그것은 그동안 우리가 맹신해온 비범함의 획일적 잣대로 오랫동안 사용된 IQ의 권좌를 무너뜨려 다양한 항목 중의 하나로 떨어뜨린 것이다. 추락한 IQ의 권위와 달리 다양한 잣대가 동일하게 어깨를 나란히 하는 상황은 비범의 민주주의 시대가 도래하고 있다는 증거이다. 이는 거대담론의 해체라는 포스트모던의 시대적 사조와 매우 맞닿아 있다.

예전보다 훨씬 다양해진 사회에서는 다양한 능력을 가진 사람들이 필요할 수밖에 없다. 비로소 인간의 다양한 재능들이 쏟아져 나올 시대가 활짝 열리고 있다.

세상의 천재는 다양하다

천재에 대한 인식은 시대에 따라 변한다. 절대적 빈곤시대에는 생존을 위한 의식주 해결이 급선무다. 우리나라에서 이 시대의 천재는 주로 '공부를 특별히 잘하는 사람'을 지칭했다. 즉 천재라 하면 당연히 '공부천재'를 의미했다. 공부는 바로 출세의 가장 큰 도구였다. 그러다 보니 학습능력이 뛰어난 사람을 천재라 불렀다. 동시에 학습능력을 대변해주는 것은 바로 지능지수였다. 따라서 머리 좋은 천재들은 평범한 아이들이 가장 부러워하는 대상이었다. 공부천재는 성공과 부가 보장되었기 때문이다. 이 시절에는 천재에 대한 인식과 수용이

이처럼 제한적이었다.

하지만 의식주 해결이 된 오늘날은 천재에 대한 인식이 많이 변했다. 가정마다 웬만한 물건은 다 가진 지금은 '다품종 소량생산 시대'이다. 이처럼 다양성의 시대에는 천재의 모습도 다양하게 출현한다. 특히 의식주에 직접 관련이 없는 분야에서 많은 천재들이 쏟아져 나온다. 이제는 문학, 예술, 체육, 방송, 정보통신기술, 예능 등 사회 각 분야에서 특별한 재능이 있는 자들까지도 우리는 천재라 부른다. 예컨대 문학천재, 연기천재, 피아노천재, MC천재, 발레천재, 스케이팅천재, 축구천재, 골프천재, 게임천재, 바둑천재, 예능천재 등 이루 헤아릴 수 없이 많다. 이제는 누구나 천재가 되는 시대이다.

그럼에도 불구하고 천재에 대한 우리의 인식은 아직도 너무나 좁고 한쪽으로 치우쳐 있다. 오늘날 우리는 대중의 시선을 한 몸에 받는 사람들을 주로 천재라고 부르는 경향이 있다. 한마디로 각 분야의 최고 인기 스타를 천재라고 인식하는 정도이다. 때문에 천재의 종류는 예전보다 많아졌지만, 아직도 국민들 중 천재는 극소수에 해당한다. 중요한 것은 우리 모두가 천재라는 것을 분명하게 인식하는 것이다. 그리고 그 확신에 따라 실제로 천재처럼 행동하는 것이다. 그러면 내 안에 숨어 있는 천재가 서서히 드러날 것이다. 내가 먼저 스스로를 천재로 인정할 수 있어야 자녀도 천재로 키울 수 있다.

어떻게 바라보는가에
  달렸다

천재에 대한 인식전환이 성장의 첫걸음이다. 아이를 건강하게 키우려면 우선 '천재'에 대한 잘못된 관념부터 깨트릴 필요가 있다. 이것은 우리 인간들이 경쟁하는 사회 속에서 자신이 못 가진 재능에 대한 부러움으로 만들어낸 관념일 뿐이다. 만물의 근원인 저 넓고 광활한 하늘의 입장에서 바라보라. 모든 인간은 각기 다른 재능을 갖고 태어난, 모두가 똑같은 하늘의 자식이다. 하늘이 곧 사람이고, 사람이 곧 하늘이다. 우리는 모두 동등한 자격을 가진 천재인 것이다. 이제부터 우리는 천재라는 사실을 기억하자.

우리가 이처럼 좁은 관념에서 벗어날 때 비로소 우리는 자신에게 부여된 천부적 재능을 발휘할 수 있다. 특히 우리의 많은 청소년들이 현재 불행한 이유도 이런 좁은 의식에 갇혀 있기 때문이다. 우리 모두가 천재라는 사실을 인식만 해도 우리는 행복해질 수 있다. 이처럼 행복한 천재교육은 나 자신에 대한 의식전환에서부터 시작할 수 있다. 매일 아침 거울 앞에 서서 외쳐보라.

"나는 천재다. 당신도 천재다. 우리 모두는 천재다."

부모의 생각이 바뀌면 자녀의 인생도 바뀔 것이다. 인식의 전환이 성장의 첫걸음이다.

천재는 마음에 달렸다. 우리는 마음만 크게 바꾸면 누구나 다 천재임을 알 수 있다. 천재 중에서도 마음천재가 최고이다. 왜 그럴까? 마음만 바꾸면 삶의 조건과 환경을 바꾼 것처럼 살 수 있기 때문이다. 우리는 살면서 힘들거나 불만스러운 상황에 수없이 마주치게 된다. 우리는 그때마다 그 상황만 해결되면 행복해질 것이라 믿는다.

이처럼 사람들은 지금 힘들어하는 상황 그 하나에만 매달려 산다. 우리는 수많은 조건들에게 우리의 행복을 맡기고 살아간다. 때문에 행복은 항상 현재가 아니라 미래의 일이 되고 만다. 예컨대 지금 수학 점수가 낮은 중학생은 수학성적만 좋아지면 행복할 것 같고, 고등학생은 명문대학교만 들어가면 행복할 것 같고, 대학졸업생은 대기업에 취직만 하면 행복할 것 같고, 대기업 사원은 승진만 하면 행복할 것 같고, 지금 전세방에 사는 사람은 자기 집만 마련하면 더없이 행복해지리라 믿는다. 그것만 해결되면 행복해질 것이라고 믿는다.

하지만 삶의 조건들은 항상 우리가 원하는 대로 이루어지는 것이 아니다. 또한 원하는 조건들이 반드시 충족되어야만 행복해지는 것도 아니다. 우리가 바라는 어떤 조건들은 영원히 불가능할 수도 있다. 그러나 이 모든 것을 한 번에 해결할 수 있는 방법이 있다. 바로 '자신을 바라보는 눈을 바꾸는 것'이다. 이것은 그다지 어렵지 않다. 나는 본래 행복한 존재이고, 존귀한 존재이고, 하늘이 내려준 존재라는 것을 인정만하면 된다. 이러한 인식을 전환하는 것은 매우 중요하다. 우리의 삶은 마음먹기에 달렸다. 똑같은 조건과 환경을 어떻게 바라보느냐에 우리의 행과 불행이 달려 있다.

♥우리는 존재 자체로 위대하다

우리 모두는 이 세상에 존재한다는 사실만으로도 위대하다. 우리가 천재든 아니든 상관없이 말이다. '나 자신'을 아무리 하찮은 존재로 생각하더라도, '나'는 우연히 생겨난 것이 아니다. 내가 개체적 입장에서 생각하면 우연히 생겨난 것처럼 보이지만, 사실 '나'라는 한 존재가 생기기 위해서는 전 우주가 필요하다. 잠시만 생각해보면 자명하게 드러나는 사실이다.

나의 시원을 따져보자. 나는 어머니에게서 태어났고, 어머니는 할머니가 낳았고, 할머니가 태어나기 위해서는 거슬러 올라가면 인류의 시조가 필요했고, 인류 시조의 탄생에는 이 지구환경이 필요했고, 지구는 태양계가 필요했고, 태양계는 은하가 필요했고, 은하는 그 너머 은하군단이 필요했고, 은하군단은 무한대 우주가 필요했다. 나는 곧 우주이다.

그래서 우리 옛 선조들은 인간을 소우주로 인식했던 것이다. 내 안에 우주의 전부가 들어 있다는 말이다. 나는 작지만 우주의 모든 요소를 가졌다는 뜻이다. 이것을 화엄경에서는 한마디로 '일중다 다중일(一中多 多中一)'이라 하였다. '나'라는 한 개체 속에는 우주 일체가 들어 있고, 우주 속에는 모든 개체가 다 들어 있다는 말이다. 곧 개체가 전체요, 전체가 개체라는 말이다. 이 세상 존재는 모두 한 덩어리라는 뜻이다. 나는 곧 우주이다. 하지만 개체의식 속에 머물면 이것을 깨닫지 못한다. 내가 이것을 깨닫지 못했다고 해서 내가 우주가 아닌 것이 아니다. 내가 우주임을 알든 모르든 그 사실에는 변함이 없다. 하늘의 태양 앞에 먹구름이 끼었다고 해서 태양이 없는 것이 아니다. 먹구름이 태양을 가린들 가리지 않은들 태양은 늘 그대로 존재하는 것이다.

이제 '나는 천재다'라는 말이 조금 인정이 될지도 모르겠다. 나는 그냥 내가 아니다. 하늘이 낳은 위대한 존재인 것이다. 이것이 나의 본성이고 본래의 모습이다. 이것을 보다 쉽게 받아들이려면 나의 마음만 살짝 비틀면 된다. 즉 개체의 마음에서 살짝 빠져나와 무한대 우주의 입장에서 생각해보면 너무나 쉽고 자명해진다. 또 어떤 사람은 개체 마음에서 벗어나기가 어렵다고 할 수도 있다. 더 쉬운 방법이 있다. 커다란 백지 위에 나와 우주를 그려놓고, 나만 살짝 지워보라. 무엇만 남는가. 우주만 남지 않는가. 이 우주에서 내가 빠진 입장, 이것이 바로 우주 입장에서 바라보는 것이다. 이것이 바로 나의 본래 마음인 것이다. 나의 본성은 이처럼 무한대로 넓고, 크고, 높고, 깊은 마음이다.

이러한 내가 개체 마음으로 돌아오면 그만 의식이 쪼그라든다. 내가 곧 우주요, 내가 곧 천재라는 말이 귀에 들어오지 않는다. 그러나 내가 인식하든 못하든 나는 우주요, 나는 천재라는 사실에는 변함이 없다. 하늘에 구름이 있어도 하늘은 있고 구름이 사라져도 하늘은 그대로 존재하는 이치와 같다. 개체 마음에서만 살짝 비켜나 보라. 나는 위대한 존재임이 저절로 드러날 것이다.

내 안의
천재를 보라

●

●

유전적
열등의식

몇 해 전 어느 봄날이었다. 나는 고등학교 2학년 담임을 맡고 있었다. 그날은 학부모 간담회가 있었다. 학급에 찾아온 부모님을 모셔놓고 1년간의 학급경영에 관한 안내를 드렸다. 모든 부모님들을 배웅한 다음 나는 교실에서 뒷정리를 하고 있었다. 그때 한 엄마가 찾아와서 자기 아이에 대해 매우 쑥스러워하며 말을 끄집어냈다.

"선생님, 우리 미소는 엄청 노력하는데도 성적이 영 오르지 않아 걱정이에요."

미소는 첫 모의고사를 쳤는데 반에서 중간 정도의 성적이 나왔다.

"그런데 미소 짝 민정이는 그다지 공부를 많이 하지 않는데도 늘

1등이에요. 속상해 죽겠어요. 그 애는 아버지가 대학교수라더니 똑똑한 머리를 물려받은 거 같아요. 혹시 우리 미소도 머리를 좋게 해줄 수 있는 방법이 없을까요?"

엄마의 마음은 열심히 노력하는데도 공부에 진척이 없는 딸에 대한 애처로움 그 자체였다.

요즘 말하는 소위 '엄친아 신드롬'의 일종이다. 엄마 친구의 아들은 집안 좋고, 성격이 밝은 데다 공부도 잘하고 인물도 훤한 모든 면에서 뛰어난 젊은이를 의미한다. 엄마들이 입에 달고 사는 엄친아 스토리는 결국 자기 아이에 대한 원망으로 돌아가고 만다. 미소 엄마도 딸아이의 친구 민정이가 노력 없이도 뭐든지 잘한다는 피해의식을 갖고 있었다. 그 피해의식 속에는 '그 애는 재능을 물려받은 거야. 유전자가 남다르게 좋아. 타고난 수재야'라는 마음이 숨어 있다. 이런 마음은 자기 아이의 성적 부진을 다른 아이의 천부적 재능 탓으로 돌리는 것이다. 부모들의 이런 심리는 유독 미소 엄마에게만 국한되는 것이 아니다. 우리 사회에 널리 퍼져 있는 현상이다.

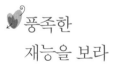

풍족한 재능을 보라

데이비드 셍크(David Shenk)는 《우리 안의 천재성(The genius in

all of us)》에서 '재능은 부모로부터 물려받은 유전적 자산'이라는 생각을 강렬하게 비판했다. 대신 재능은 고정불변의 것이 아니라 변화하는 과정이라고 했다. 인간의 능력은 유전자라는 바위에 각인되어 있는 것이 아니라는 말이다. 그 능력은 나이가 들어서까지도 부드러워서 다듬을 수 있는 것이다.

근래에 새로 발굴된 산더미처럼 많은 과학적 증거는 전혀 새로운 패러다임을 제시하고 있다. 즉 희소한 재능(talent scarcity)이 아니라 풍족한 재능(talent abundance)의 패러다임이다. 재능과 지능은 화석연료처럼 일시적으로 단기간 공급되는 것이 아니라 풍력발전처럼 그 잠재력이 풍족하다는 것이다. 문제는 적절한 유전적 자산을 물려받지 못한 것이 아니라 바로 이미 갖고 있는 것을 활용하지 못하는 우리의 능력 부족이다.

한마디로 내 아이가 갖지 못한 희소한 재능을 찾기보다 내 아이 속에 숨은 풍부한 재능을 발견하라는 말이다. 공부도 그 재능 중 하나인 것이다. 우리 곁에는 미소 엄마처럼 아직도 아이의 능력을 학교성적이나 지능지수로만 평가하는 부모들이 너무나도 많다. 물론 당면한 문제가 대학입시이다 보니 성적에 초점을 두는 것은 충분히 이해가 간다. 그러나 인간의 능력을 학업성적 한 가지로만 평가하는 것은 엄청나게 커다란 손실을 초해한다는 것을 알아야 한다. 우선 부모와 아이 사이에 갈등이 생겨 가족관계가 깨질 수도 있다. 아이는 자신의 적

성과 진로를 찾지 못하고 헤매다가 절망할 수도 있다. 나는 이것이 오늘날 청년 실업자가 많은 이유 중 하나라고 본다. 아이는 정작 자신이 가진 내면의 천재성을 전혀 발휘해보지도 못할 수도 있다. 이 얼마나 큰 인류적 손실인가?

대한민국은 지난 100년 동안 획일적인 거대한 패러다임 속에 묻혀 살아온 것이 아닌가 싶다. 즉 '학업성적=성공'이라는 패러다임으로 우리는 자녀들에게 학습능력만을 요구해온 것이 사실이다. 이제는 더 이상 당신의 자녀를 하나의 틀 속에 가두지 말고, 아이가 다양한 재능의 소유자임을 인정해야 한다. 그 재능을 아이가 발견하도록 도와주고 돋아나는 새싹에 물을 뿌려주는 것이 부모의 역할이다.

진정한 천재는
누구인가?

조건 없이
행복한 사람

　우리는 너무도 많은 조건 속에 자신의 행복을 가두고 산다. '나는 이러저러하면 참 행복할 텐데……' 그러나 천재 중에서도 최고의 천재는 무조건 행복한 사람이다. 아무런 조건 없이 어떠한 상황에서도 행복할 수 있는 사람이 바로 최고 천재다. 이러저러한 조건을 갖추어야만 행복한 사람은 진정한 천재가 아니다. 자신이 만든 조건 속에 갇혀 있는 사람에게서 천재성이 잘 드러나지 못하기 마련이다. 천재는 마음이 순수한 사람이다. 원래 하늘이 준 마음을 그대로 가진 자이다. 그 마음은 단순하고 깨끗하다. 마음이 복잡한 사람은 자신의 마음 그물에 걸려 천재성을 마음껏 발산할 수가 없다. 마음이 단순하면 모든 존재를 있는 그대로 받아들일 수 있다. 모든 것을 있는 그대로 받아들일 수 있다면 우리는 늘 행복하다. 우리 모두는 원래 맑고 순수한 마음을 하늘로부터 받았다. 그것을 회복하면 모두가 천재이고 모두가 행복할 수가 있다.

진정한 천재성은 행복에서 나온다. 진정한 천재는 행복한 사람이다. 행복하지 않고 불편하고 불안한 상태에서는 천재성이 발현되기 어렵다. 불편하다는 것은 본래의 마음 상태에서 벗어나 개체 입장에 빠졌다는 뜻이다. 개체 입장에 빠져 있으면 의식이 좁아져서 본래의 능력인 천재성이 발휘되지 않기 때문이다. 우리 모두는 천재이지만 개체 마음으로 살면 천재성이 살아나지 않는다. 이것을 인식하는 것이 행복한 천재가 되는 지름길이다.

내 안의 위대함을 생각하는 사람

천재는 늘 내 안의 위대함을 생각하는 사람이다. 천재는 자신을 긍정적으로 생각하고 자신의 능력을 믿는 사람이다. 때문에 천재는 남이 가진 재능에 주눅 들지 않는다. 우리 모두는 원래부터 전인(全人)이다. 온전한 사람이라는 뜻이다. 이 말은 우리의 능력을 일부러 과대평가하라는 것이 아니라, 내 안에 본래부터 존재하는 본성을 발견하는 것이다. 우리는 주로 남과 비교할 때 스트레스를 많이 받는다. 이때 우리가 모두 천재라는 사실이 얼마나 큰 위안인가? 내 안의 위대함을 발견하는 자가 천재이다. 종교가 있건 없건 내 안의 신성을 회복하는 것이 나를 행복하게 하고 성장하게 하는 원동력이다. 이것이 바로 전인교육이다.

천재는 내가 못 가진 것보다 가진 것에 주목한다. 가진 것이 아무리 작고 사소하더라도 그것을 소중하게 여긴다. 그것이 긍정성이다. 그리고 서로가 다름을 인정한다. 그러면 열등의식이 없어진다. 예컨대 요리를 잘하는 사람, 뜨개질을 잘하는 사람, 노래를 잘 부르는 사람, 그림을 잘 그리는 사람, 집을 잘 짓는 사람, 장사를 잘하는 사람, 공부를 잘하는 사람, 말을 잘하는 사람, 글을 잘 쓰는 사람, 낚시를 잘하는 사람, 자동차 수리를 잘하는 사람, 꽃 가꾸기를 잘하는 사람, 병치료를 잘하는 사람, 화재 진압을 잘하는 사람, 아이를 잘 보는 사람, 소를 잘 키우는 사람, 거리 청소를 잘하는 사람, 달리기를 잘하는 사람, 운전을 잘하는 사람들. 이렇게 세상에는 온통 천재들뿐이다.

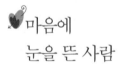

마음에
눈을 뜬 사람

천재는 순리대로 사는 사람이다. 내 것만이 옳다는 억지가 없다.

물 흐르듯 흐르는 것이 순리(順理)다. 물은 길을 가로막는 돌을 탓하지 않는다. 물이 흐를 수 있는 것은 돌과 맞부딪히지 않기 때문이다. 물은 흐르다가 돌을 만나면 돌의 존재를 인정해준다. 돌을 돌아서 흘러간다. 우리의 삶도 이와 같다. 자신의 주장만을 고집하는 것은 순리가 아니다. 천재는 타인의 존재를 다 수용할 수 있는 사람이다. 노자는 상선약수(上善若水)라고 했다. 인생 최고의 선은 물과 같은 삶을 사는 것이다. 그것이 바로 천재의 삶이다.

이 시대의 진정한 천재는 양심을 실천하는 사람이다. 양심이란 내가 받아서 좋은 일을 남에게 베푸는 마음이다. 반대로 내가 당해서 싫은 일을 남에게 행하지 않는 마음이다. 이것이 좋은 마음이다. 오늘날 나라가 어지러운 것은 바로 이러한 '양심천재'가 실종되었기 때문이다. 나라의 지도자들이 머리는 지극히 총명하나 양심을 실현하는 자는 드물다. 지금까지 우리가 의식주 해결을 위해 지적 능력을 가진 자를 높이 평가한 결과이다. 지식천재들은 양심보다 욕심을 좋아한다. 때문에 지식천재들은 높은 관직에 오를수록 위험하다. 이제 총명한 머리보다 가슴이 따뜻한 자가 시대의 천재상이 되어야 한다.

천재는 마음의 눈을 뜬 사람이다. 위에서 말한 순리대로 살고, 양심대로 사는 사람은 바로 마음의 눈을 뜬 사람들이다. 즉 본래 마음을 회복한 사람들이라는 말이다. 자신의 본래 마음, 본성을 회복해야 비로소 순리가 보이고 양심이 보이기 때문이다. 개체 마음이 아니라 전체 마음으로 보아야 사물을 있는 그대로 볼 수 있다. 사물을 있는 그대로 볼 수 있어야 순리의 삶을 살 수 있다. 개체 마음에서는 사물을 있는 그대로 보지 못하는 왜곡 현상이 일어난다. 자기가 유리한 대로 사물을 바라보는 것이다. 이러한 상태에서는 순리대로 살 수가 없다. 내 안의 양심도 발현될 수가 없다. 개체 마음에서 전체 마음으로 빠져나올 때 우리는 지혜로운 천재가 될 수 있다. 이처럼 천재는 마음의 눈을 뜬 사람이다. 천재는 당신의 마음속에 있음을 명심하라.

성적이 꼴찌여도
왜 천재인가

 모든 아이는
천재다

    우리나라의 천재 교육은 대부분 성장 과정에서 특별한 재능을 보이는 아이들을 대상으로 한다. 지금까지 우리는 한 번도 모든 아이들이 천재라는 생각을 해본 적이 없다. 앞서 이야기한 인간 본성에 대한 이해가 부족한 탓이다. 때문에 천재 교육은 자연히 극소수의 아이들만을 대상으로 할 뿐이다. 그것도 이미 천재성이 싹트고 있는 아이들만 대상으로 삼는다. 이미 천재성을 발휘하는 아이들은 환경만 잘 조성해주면 된다. 싹을 내밀고 있는 아이들은 물만 제때 주면 잘 성장할 수 있다.

그런데 이런 아이들만 따로 선발하여 집중적으로 교육하는 것은 오히려 어린 싹을 죽이기 십상이다. 집중교육에 비례하여 기대감이 크기 때문이다. 어린아이들이 특별한 재능을 보인다고 해서 과도한 기대를 하게 되면 엄청난 부담감으로 작용할 수 있다. 어릴 때 천재라고 온 나라를 떠들썩하게 하던 아이들이 아무 소리 소문 없이 평범한 아이로 사라진 사례가 얼마나 많은가. 평범한 아이로 사라진 것이 문제가 아니라, 천재성이 있는 아이가 자신의 재능을 꽃피우지 못한 것은 얼마나 큰 손실인가? 또한 그토록 주목받던 아이가 기대에 부응하지 못했을 때 상처받은 아이의 마음은 어떠했을까? 이러한 부담감 때문에 오히려 건강하게 성장하지 못했을 가능성이 크다.

우리가 0.1%의 천재성을 드러낸 아이들에게 주목하는 사이에, 천재성의 씨앗을 품고도 싹을 틔우지 못하는 99.9%의 아이들은 철저히 외면되고 있음을 알아야 한다. 특히 학교에서 그렇다. 국민교육헌장에는 '저마다의 타고난 소질을 계발하고'로 되어 있다. 하지만 성적 중심으로 능력을 재단하는 곳이 바로 학교 현장이다. 이 교육적 모순은 우리의 천재에 대한 인식 수준과 맞닿아 있다.

"성적이 꼴찌여도 모든 아이는 천재다."

이 말이 어른들에게 조금씩 인정되기 시작하면 우리 교육은 크게 도약할 것이다.

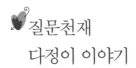
질문천재
다정이 이야기

꼭 2년 전 일이다. 새로운 학년을 시작하는 3월도 후반을 지날 무렵이다. 그해 나는 1학년 영어수업을 맡았다. 나는 매 학년 1학기 첫 수업에는 바로 진도를 나가지 않는다. 대신 영어 학습에 대한 오리엔테이션을 한 시간 실시한다. 그 내용은 이렇다. '우리는 왜 대학에 가려 하는가, 영어 공부는 꼭 해야 하는가, 필요하다면 어떻게 할 것인가, 1년의 수업은 어떻게 진행되는가, 평가는 어떻게 하는가' 등이다. 특히 수행과정평가에 대해 자세하게 안내한다. 당시 나는 학생 스스로 공부하는 태도와 방법을 과정평가에 반영하고 있었다.

그중에 중요한 요소가 '질문하기'다. 자신이 모르는 것을 '질문공책'에 미리 써와서 질문하는 것이다. 질문을 하는 대상은 짝꿍에게 해도 좋고, 선생님에게 해도 좋고, 학급 전체에게 공개적으로 해도 좋다. 질문 수준은 각자마다 다를 수 있다. 아무리 쉬운 질문도, 아무리 바보 같은 질문도 대환영이라고 했다. 그러면서 스티브 잡스의 명언 "Stay Hungry, Stay Foolish"를 소개해주었다. 자신을 성장시키고자 하는 사람은 "언제나 알고자 함으로 목말라 하며, 남들 앞에 자신의 무지를 드러내는 용기 있는 질문을 하는 바보가 되어야 한다"는 말이다. 특히 공부 못하는 아이들에게 용기를 주기 위해 나는 이 말을 자주 인용했다. 당시 나의 수업은 한마디로 질문으로 시작하고 질문으로 끝나는 수업이었다.

어느 날 수업을 마치고 모든 학생들이 교실을 빠져나갔다. 그런데 한 학생이 가만히 책상이 앉아 있었다. 내가 학생에게 다가가 물었다.

"다정아, 나한테 하고 싶은 말이라도 있니?"

"……."

"왜, 무슨 고민이라도 있어?"

한참 머뭇거리다가 아이가 입을 열었다.

"선생님, 정말 어떤 질문이라도 해도 돼요?"

"그럼, 어떤 질문이라도 대환영이지. 나는 질문하는 학생이 제일 좋더라."

"정말이에요?"

"그럼, 학생이 잘 몰라서 묻는 질문이야말로 수업의 핵심이지. 진정한 학습은 질문에서 시작하는 거야. 바보 같은 질문도 자신한테는 가장 소중한 질문이야."

"……."

갑자기 아이가 훌쩍거리기 시작했다. 나는 무척 당황스러웠다. 내 말이 뭔가 잘못되었나 걱정되었다.

"다정아, 왜 그러니?"

한참 만에 아이가 진정하고 입을 열었다.

"선생님, 사실 저는 초등학교 때부터 개인과외를 했어요. 그때 영어선생님에게 질문을 하면 많이 혼이 났어요. 선생님이 몇 번이나 가르쳐준 걸 모른다고요. 그 뒤부터는 일체 질문을 하지 않았어요."

다정이가 들려준 말에 나는 큰 충격을 받았다. 세상에, 공부를 잘 못해서 개인과외를 받는 것인데, 더구나 몰라서 질문을 하는 아이에게 이럴 수가 있는가. 선생님 설명이 잘 이해되지 않아서 조마조마한 가슴으로 다시 질문하는 어린 다정이의 모습이 눈에 선했다. 선생님의 설명을 이해하지 못하는 것은 잘못이 아니다. 그런데도 다정이는 마치 자신이 큰 잘못이라도 한 것처럼 미안해하면서 여러 번 질문을 했던 것이다. 이때 선생님의 부정적인 반응이 아이에게 큰 상처로 남은 것이다. 그 이후로 다정이는 일체 질문을 하지 않았고 질문에 대한 트라우마가 생긴 것이다. 이야기를 듣고서 다정이의 아픔이 잘 이해되었다.

"그래, 다정이가 왜 질문하는 것을 어려워하는지 잘 알겠구나. 아픈 이야기일 텐데 들려줘서 고맙다. 앞으로는 걱정하지 마. 나는 질문하는 학생을 제일 좋아하니까. 그것도 바보 같은 질문을 가장 좋아하니까. 그리고 질문을 자주하면 수행과정평가에도 좋은 점수를 받으니 좋잖아."

"네, 선생님. 알겠습니다."

그 이후 다정이는 수업이 끝날 때마다 교실에 혼자 남았다. 다른 아이들이 다 나갈 때까지 기다렸다가 나에게 질문노트를 내밀었다.

나는 질문에 자세하게 설명을 해주었다. 그리고 설명한 것을 질문 칸 아랫부분에 써주었다. 고등학교 1학년인 아이는 영어실력이 초등학교 수준에 머물러 있었다. 질문에 대한 트라우마가 아이의 성장을 딱 멈추게 해버린 것이다. 아이가 왜 혼자 남아서 질문하는지 충분히 이해가 됐다. 다른 아이들에게 자신의 바보같은 질문을 드러내고 싶지 않은 것이다. 질문에 대한 설명을 끝내고 나는 아이에게 '자신이 모르는 것을 질문하는 것은 가장 용기 있는 행동'이라며 격려해주었다.

다정이는 영어수업이 끝나면 어김없이 질문노트를 들고 왔다. 질문은 1년 동안 계속되었다. 나는 이토록 끈덕지게 질문하는 학생은 지금까지 본 적이 없다. 이제 다정이는 짝꿍에게도 질문을 하고, 심지어는 수업 전에 자신의 질문을 앞 칠판에 써서 모든 학생들에게 공개질문까지 하는 아이로 변했다. 질문에 대한 두려움을 완전히 떨치게된 것이다. 질문 내용도 학년 초에 비하면 많이 향상되었다. 게다가 1학기와 2학기에 연속으로 '질문왕'이 되어 수행과정평가에서 가장 우수한 점수를 받았다. 많은 아이들이 질문을 하는 가운데서도 가장 으뜸가는 '질문천재'가 태어난 것이다.

다정이처럼 영어성적이 꼴찌인 아이도 분명 내면에는 질문천재가 들어 있었다. 그의 마음속에는 엄청난 질문이 숨어 있었던 것이다. 이 천재성은 조건만 맞으면 폭발하는 화산과도 같다. 그 폭발하려는 화산이 무거운 암반에 눌리게 되었을 때 내부에서 얼마나 많은 압력을 받았을까? 다정이는 엄청난 압력 때문에 질문에 대한 트라우마를 겪고 있었던 것이다. 우리 주변에는 다정이와 같은 여러 가지 외부 입력으로 인하여 천재성을 드러내지 못하는 아이가 상상할 수 없을 만큼 많다. 바로 그 아이가 당신의 아이일 수도 있다.

질문을 잃어버린 나라

2010년도에 서울에서 'G20 정상회담'이 열렸다. 폐막식에서 미국 대통령 오바마는 회담을 성공적으로 개최한 대한민국에 감사의 뜻을 전하며 우리나라 기자단에게 질문을 할 수 있는 기회를 주었다. 아무도 질문을 하지 않자 오바마 대통령은 반복해서 질문 기회를 주었다. 말없이 어색한 침묵만 흘렀다. 바로 그때 한 기자가 용감하게 일어났다. 자신 있게 영어로 자신의 신분을 밝혔다. 그는 중국기자였다. 한국기자들에게서 질문이 없으니 아시아를 대신해서 자신이 질문하고 싶다는 것이다. 오바마 대통령은 웃으며 한국기자들에게 준 기회라며 한 번 더 우리기자의 질문을 기다렸다. 그러나 끝내 침묵하자 질문권은 결국 중국기자에게 넘어갔다. 이 이야기를 읽고 난 여러분은 어떤 생각이 드는가?

이 짧은 이야기에는 대한민국 교육의 단면이 잘 드러난다. 즉 '질문을 잃어버린 나라'의 모습이다. 우리나라에서 가장 말을 잘한다는 언론계의 기자들조차 질문하지 못하는데, 어느 국민이 질문할 수 있겠는가. 모든 국민들이 질문을 잃어버렸다 해도 과언이 아니다. 질문이 없으면 진정한 배움이 시작될 수 없다. 애석하게도 우리나라 아이들은 대개 질문하는 것을 어려워하거나 싫어한다. 초등학교 시절까지는 그나마 손을 들며 질문하던 아이들마저 중학교에 들어오면 어느 순간 질문을 잃어버린다. 바로 우리 가정과 학교의 교육 탓이다.

질문은 천재를 깨우는 열쇠다. 유대인들은 왜 세계적인 천재를 많이 배출하는 것일까? 나는 단연코 토론문화라고 생각한다. 그들의 토론문화는 가정에서부터 시작된다. 아빠에게 질문하는 아이의 모습은 유대인들이 수천 년간 이어온 토론문화를 잘 대변한다. 엄마는 아이가 잉태하는 순간부터 뱃속아이와 대화를 시작한다. 아이가 태어나면 덮을 이불에 구약성경 '토라'를 새겨놓고 한 구절씩 아이에게 읽어준다. 이것은 메시아에 대한 기다림이기도 하다. 모든 엄마는 '내 뱃속아이가 세상을 구원할 바로 메시아'일 수도 있다는 생각을 품는다. 그러니 절대 낙태란 있을 수 없다. 한 생명에 대한 존중이 그대로 뱃속아이에게 전달된다.

엄마, 아빠는 갓 태어난 아이와 대화하기 시작한다. 아이는 말을 하지 못할 뿐 생각을 못하는 것은 아니기 때문이다. 아이가 조금 더 성장하면 잠자리에 들기 전에 '베드타임 스토리(Bedtime Story)'를 들려준다. 아이가 잠들기 전에 이야기를 들려주거나 책을 읽어준다. 잠들기 직전은 누구나 가장 행복한 시간이다. 이 시간에 들려준 이야기는 기억에 오래 남는다고 한다. 비로소 아이가 말을 배우기 시작할 무렵이면 부모는 아이에게 질문을 하나씩 던진다. 설명보다는 질문을 중시한다. 질문으로 아이의 생각을 유도하는 것이다.

그러면 아이도 자연스럽게 질문하기 시작한다. 이렇듯 아이는 어릴 때 가정에서부터 엄마, 아빠에게 많은 질문을 던진다. 그 질문으로 세상에 대한 궁금함을 하나씩 해결하는 것이다. 질문으로 세상에 대해 눈을 뜨기 시작한다. 질문이 있으면 자연스럽게 대화와 토론으로 이어진다. 토론은 질문으로 시작되기 때문이다.

학교에 다녀온 자녀에게 부모가 던지는 질문은 무엇일까? 우리나라 부모들은 대개 "오늘 무엇을 배웠니? 혹은 선생님 말씀 잘 들었니?" 하고 묻는다. 그러나 이스라엘 부모들의 질문은 다르다. "오늘 무슨 질문을 했니?"이다. 우리 부모는 배우는 내용을 중시하지만 이스라엘 부모는 생각의 힘을 중시한다. 나아가 자녀가 무엇에 관심이 있는지 중시한다. 즉 우리는 '지식의 축적'에 관심을 둔다면 이스라엘은 '지식의 활용'을 주목한다는 뜻이다. 질문에 대한 이러한 생각의 차이는 단순해 보이지만 결과적으로 큰 차이를 가져올 수 있다.

질문은 내 안의 천재를 깨우는 열쇠다. 질문은 우리를 생각하게 만든다. 생각을 많이 해야 사고력이 생긴다. 질문은 생각에 시동을 거는 행동이다. 질문하는 사람도 생각으로 시작하고, 답을 하는 사람도 동시에 생각하지 않을 수 없기 때문이다. 질문을 많이 할수록 우리의 사고하는 능력은 향상될 수밖에 없다. 사고력을 높이면 내 안에 잠자고 있던 천재를 발견할 수 있다. 나를 본래의 나로 돌아가게 하는 힘, 그것은 바로 질문의 힘이다.

독서천재
수민이 이야기

봄이 무르익어가는 4월 중순 무렵이었다. 어느 교실에서 수업을 마치고 교무실로 돌아오는 길이었다. 한 학생이 교무실 앞 차가운 복도에 꿇어 앉아 있다. 다가가서 보니 내 수업을 듣는 1학년 학생이다. 쉬는 시간에 교무실로 돌아오던 선생님들이 이 학생에게 지나가며 한마디씩 던진다.

"야, 임마. 너 또 걸렸냐?"

"아이고, 단골손님 오셨네."

"야, 너는 왜 맨날 그 모습이냐? 쯧쯧쯧."

"좀 인간이 되어라……."

나는 순간 화가 치밀어 올랐다. 나도 같은 교사이지만 선생님들의 이런 언행이 너무 못마땅했다. 도대체 한마디씩 던지는 선생님들은 이 학생에 대해 무엇을 알고 있는가. 기껏해야 무엇을 잘못해서 교무실 앞에 꿇어앉아 있다는 사실만 놓고 한마디씩 던지는 것 아닌가. 교사 입장에서는 그냥 지나치는 것보다 이러한 동정의 말 한마디가 학생에 대한 애정의 표시라고 생각할 수 있다. 그러나 그 학생의 입장에서 바라보면 상황은 완전히 달라진다.

수많은 선생님과 학생들이 지나다니는 복도 앞에 공개적으로 꿇어앉는 것 자체가 학생에게는 크나큰 치욕으로 느껴질 수 있다. 특히 자신을 잘 아는 선생님과 친한 친구들에게 이런 모습을 보이는 것은 자존심에 지울 수 없는 큰 상처가 될 수 있다. 자신의 인격이 송두리째 무너지는 것이다. 학생에게는 인격살해 행위로 느껴질 수도 있다. 학생을 바닥에 꿇어앉히는 것 자체가 인간에 대한 존엄성을 훼손하는 것이다.

어떤 선생님은 '잘못한 놈한테 인격은 무슨 인격? 저런 놈은 혼을 내야 한다'고 주장할 수 있다. 물론 잘못한 학생은 혼을 내어 정신을 차리게 해주는 것이 교육이다. 문제는 방법이다. 교사들이 교육이라는 이름으로 학생의 인격까지 빼앗을 수는 없다. 또한 교육은 학생의 성장과 변화를 이끌어내는 일 아닌가? 이렇게 남들 앞에서 인격까지 모독을 당한 학생이 자신의 행동을 성찰할 수 있겠는가? 오히려 반감만 더 커질 뿐이다. 이럴 때 대개 학생들의 심리적 반응은 이렇다. '그래, 나는 이미 버린 몸이다. 갈 때까지 가보자.' 자신의 잘못은 온데간 데없고 오히려 자신을 벌하는 선생님에 대한 악감정과 오기가 생기 게 마련이다.

짧은 순간에 이러한 생각들이 순식간에 지나쳐간다. 나는 속에서 분노가 끓어올랐다. 그러나 잠시 분노를 삼키고 학생에게 다가가서 조용히 물었다.

"수민아, 무슨 일이니?"

"……."

이 상황에서 학생이 무슨 말을 할 수 있겠는가. 나는 대화를 단념 하고 교무실로 들어왔다. 대신 학생부장에게 찾아가서 물었다. 학생 부장은 다짜고짜 "저런 놈은 당장 퇴학시켜야 한다"고 했다. 그래서 학생부장을 진정시키고 다시 조용히 물었다.

"며칠 전 생활검열을 했는데 저놈한테서 담배가 나왔어요. 그래서 조사해보니까 학교에서 본드 흡입까지 했더군요."

"그랬군요."

"그뿐이 아니에요. 그 일 때문에 저놈이 살고 있는 곳을 가봤어요. 자취를 하고 있는데, 아 글쎄 방에서 남학생, 여학생이 혼숙을 하고 있었어요. 저놈은 갈 때까지 간 놈이에요. 학교에 그대로 두면 다른 학생들한테 피해가 너무 커요. 당장 퇴학 시켜야 해요."

학생부장의 말을 듣고 보니 눈앞이 캄캄해졌다.

수민이의 일탈은 이미 교무실 안에 널리 퍼져 있었던 것이다. 나 혼자만 몰랐던 같다. 이미 수민이는 1학년에서 최고 '꼴통'으로 찍혀 있었다. 학생부에서는 수민이를 중징계하려고 조만간 선도위원회를 준비하고 있다고 했다. 그 순간 나도 모르게 반감이 일었다. 수민이의 잘못은 분명 크지만 이곳은 학교다. 우리가 교육적으로 할 수 있는 최선을 다했는가? 학생이 아무리 나쁜 행동을 했다 하더라도, 당사자의 이야기를 충분히 들어보고 징계를 해도 늦지 않다.

나는 학생부장에게 다시 찾아갔다. 여러 학생들 지도로 수고가 많지만 일단 수민이를 조금 더 지도해보는 게 어떻겠냐고 했다. 그러나 학생부장은 "저런 학생은 학교에 두면 다른 학생한테 피해가 커요" 하며 단호하게 거절했다. 더 이상 대화가 되지 않았다. 안타깝지만 어쩔 수 없었다. 나는 교감선생님을 찾아갔다. 수민이를 한 번 더 지도해보자고 했다. 학생부장이 하도 강경하게 주장하는 바람에 교감선생님도 난색을 표했다. 그러더니 역으로 나에게 제안을 했다. 선도위원회를 약간 미룰 테니 학생을 지도해달라고 부탁한다. 학생부에서는 당장 선도위원회를 열어 징계를 하자는 판이니 다른 방법이 없다.

그래서 수민이는 잠시 나에게 맡겨졌다. 나는 수민이의 담임도 아니다. 수민이에 대한 정보도 없다. 수민이를 처음 만난 것은 학교 구내 매점에서였다. 상담 장소가 마땅찮은 이유도 있지만 나는 일부러 이곳을 택했다. 구내매점은 학생들이 학교 안에서 가장 즐거워하는 곳이다. 나는 수업이 없는 시간을 택해 수민이를 이곳으로 불렀다. 단둘이 매점의 의자 한쪽에 앉았다. 수민이는 고개를 숙인 채 말이 없었다. 나에 대한 긴장감이 역력했다. 나는 아무것도 묻지 않았다. 한참 후에 내가 먼저 말을 걸었다.

"수민아, 뭐 좀 먹을래?"

그래도 말이 없다.

"따뜻한 어묵하고 떡볶이 좀 먹자."

"......"

막상 먹을 것을 가져다놓으니 수민이는 맛있게 먹었다. 고마웠다. 수민이가 음식을 깨끗이 비울 때까지 기다려주었다. 나는 더 이상 아무 말도 하지 않았다. 그리고 헤어졌다. 아무런 약속도 없이. 그리고 며칠이 지났다.

토요일이 다가오고 있었다. 날씨가 너무 화창한 봄날이었다. 온 누리에 꽃들이 만발하고 새들이 높이 나는 토요일 아침이다. 주말이 다가온다는 사실만 해도 즐거워지는 토요일이다. 당시는 토요일에 오전 수업을 시행했던 때다. 쉬는 시간에 잠깐 수민이를 복도에서 만났다. 지난번보다 한결 나에 대한 경계와 긴장하는 마음이 풀린 것 같다. 다행이었다.

"수민아, 오늘 오후에 별일 없니?"

"네, 특별한 일 없어요."

"그럼 나랑 데이트할래?"

"어디로요?"

"저 낙동강 건너 어느 고등학교에 볼일이 있어서 가는데 함께 갈래?"

"네, 좋아요."

오전수업이 끝나는 대로 나는 수민이를 차에 태우고 낙동강변을 달렸다. 긴 강둑을 달리며 창문을 여니 시원한 봄바람이 불어왔다. 아름다운 봄날, 주말 오후에 학교까지 벗어나니 교사나 학생이나 즐거운 건 마찬가지였다. 내 입에서 저절로 콧노래가 나왔다. 김해공항 주변의 긴 강둑을 따라 한참 동안 신나게 차를 몰았다. 그러다가 곁에 있는 수민이에게 물었다.

"수민아, 지금 기분이 어때?"

"참 좋아요."

"그래? 나도 참 좋다."

강 건너 학교에 잠깐 들러 볼일을 마치고 다시 차를 몰고 강변을 달렸다. 한참을 달리다가 강둑길 중간에 차를 세웠다. 우리는 강둑 위로 올라가서 멀리 낙동강을 바라보며 나란히 앉았다. 탁 트인 강변의 봄 풍경이 일품이었다. 푸른 잔디 위에 앉으니 향긋한 풀냄새가 풍겨왔다. 하늘도 푸르고 강도 푸르고, 봄 햇살은 따사로웠다. 아름다운 자연의 풍광 자체가 그대로 선물이었다. 이러한 시간 속에 그저 풀밭에 앉아 있는 것만 해도 모든 근심걱정이 저절로 사라지는 느낌이었다. 그저 좋았다. 말이 없어도 좋았다.

그때 문득 나는 그날 아침 어느 학생한테서 받은 장미꽃이 생각났다. 나는 말없이 차에 가서 장미꽃과 책 한 권을 들고 왔다. 돌아와서 다시 앉으며 수민이에게 장미꽃을 건넸다.

"수민아, 장미꽃 향기 한번 맡아봐."

"와, 참 예쁘네요. 향기도 참 좋아요."

"그래? 너 가져라. 내가 직접 산 것은 아니지만 지금 이 순간 너한테 주고 싶다."

"아니에요, 선생님. 학생한테서 받은 거잖아요. 이걸 알면 그 학생이 속상해할 거예요."

"그럴지도 모르지. 그러나 이 꽃의 주인이 꼭 한 사람이어야 하니? 나도 되고, 너도 될 수 있잖아. 나는 이미 그 학생한테 꽃을 받아서 즐거웠고, 너도 지금 이 꽃을 보고 즐거워하면 모두가 주인이지. 누가 주고 누가 받았는가가 중요한 건 아니야. 아름다운 꽃을 아름답다고 느끼는 사람이 진정 꽃의 주인이란다."

"네, 선생님. 고맙습니다. 잘 받을게요."

그리고 나는 책 한 권을 수민이에게 내밀었다. 알렉스 헤일리(Alex Haley)의 《말콤엑스 자서전(The Autobiography of Malcolm X)》 상권이다.

"수민아, 시간 날 때 이 책 한번 읽어볼래?"

우리는 다시 저 멀리 수평선을 바라보았다. 마침내 수민이가 입을 열었다.

"그런데 선생님은 왜 저한테 아무것도 묻지 않으세요?"

"글쎄, 그게 궁금하니? 언젠가 네 마음이 편해지면 말을 하리라 믿었어."

"그래요? 선생님이 캐묻지 않으시니까 오히려 제가 먼저 말이 하고 싶어졌어요."

수민이는 자신의 아픔을 하나씩 이야기하기 시작했다. 지금 혼자살고 있다고 했다. 학교 근처에서 방을 얻어 자취하고 있다는 것이다. 집에서 가출을 한 것이다. 가출 이유는 새엄마와의 갈등 때문이었다. 수민이가 중학교 때 부모가 이혼을 했다. 고등학교 국어교사인 엄마는 아빠와 이혼한 뒤 서울에서 살고 있었다. 수민이는 아버지와 새엄마가 사는 집에 그대로 남게 되었다. 그러나 새엄마와의 갈등이 점점커져 결국 집을 나와 버렸다. 고등학교 1학년 여학생이 혼자 자취방을 얻어 학교를 다닌 것이다. 그러는 사이 의지할 곳은 친구들뿐이었다. 친구들과 어울리면서 점점 일탈행동이 늘어 오늘에 이르게 되었다. 이야기를 듣는 사이 가슴이 먹먹해져왔다.

"그래, 수민아! 가슴 아픈 이야기를 들려주어서 고맙다. 자신의 상처를 드러내는 것이 얼마나 어렵고 용기가 필요한 일인지 선생님도 알고 있어. 그래서 더욱 고맙다. 부모님의 이혼으로 마음이 많이 아프겠지만 현실을 인정할 수밖에 없을 것 같구나. 그건 수민이가 할 수있는 일이 아니고 부모님의 선택이니까. 그리고 이런 아픔은 우리에게 마땅히 없어야 하지만 현실에서는 종종 일어나는 것도 사실이야.

그리고 그건 네 잘못이 아니란다. 네가 부끄러워할 일이 아니야. 내가 지금 아무리 위로한다 해도 네 상처가 바로 치유되진 않을 거야. 하지만 바꿀 수 없는 현실은 있는 그대로 받아들이는 것이 현명한 일 같아. 내 충고를 받아들이거나 그렇지 않거나 그건 네 선택이다."

그렇게 우리는 수민이의 가슴 아픈 이야기로 화창한 토요일 오후를 보냈다.

월요일 아침, 출근을 하니 교무실 내 책상 위에 무언가 놓여 있었다. 편지 한 통과 한 권의 책이었다. 수민이가 가져다놓은 것이다. 편지를 열어보니 깨알 같은 글씨로 몇 페이지에 달하는 장문의 독후감이 들어 있었다. 수민이는 토요일 저녁 나에게서 받은 책을 단숨에 다 읽어버린 것이다. 그 책은 상권만 해도 수백 페이지에 달하는 두꺼운 책이었다. 하룻밤 새 다 읽었다는 말에 먼저 아이의 독서력에 놀랐다. 아이는 건성으로 읽은 것이 아니었다. 독후감에는 책을 얼마나 정성껏 읽었는지 잘 드러나 있었다. 수민이는 아주 비판적이면서도 분석적인 독서에 능한 아이였다. 그리고 자신의 느낌을 잘 전달할 줄 아는 독서천재였다. 《말콤엑스 자서전》 상권에는 말콤이 방황하던 시절의 이야기가 잘 묘사되어 있다. 수민이는 말콤의 아픔과 상처 이야기를 절절하게 읽으면서 자신의 삶을 성찰하고 있었다. 그리고 편지의 말미에는 이렇게 쓰여 있었다.

'선생님, 오늘 바로 하권도 빌려주세요.'

감동이었다. 수민이의 내면에 이런 천재가 숨어 있었다니. 도무지 믿기지 않았다. 학교에서 나쁜 아이로 낙인찍힌 아이에게 이런 잠재 능력이 감춰져 있었다니! 그날 오후에 수민이는 나를 찾아와 하권을 빌려갔다. 나는 마음이 한결 가벼워졌다. 이제 수민이가 점점 변화할 것이라는 믿음이 왔다. 그다음 날 내 책상 위에는 또다시 한 권의 책과 편지가 놓여 있었다. 수민이가 놓고 간 것이다. 하권도 하룻밤에 다 읽어치우고 긴 장문의 독후감을 편지로 쓴 것이다. 무서운 독서력이다. 하권을 읽은 뒤 두 번째 편지에는 생각의 변화에 대한 이야기를 고스란히 담았다. 말콤이 감옥에서 책을 통해 다시 태어나듯이 수민이도 이 책으로 말미암아 진정한 자신을 발견하게 된 것이다. 말콤과 수민이가 독서를 통해 던진 질문은 바로 이것이다.

"도대체 나는 누구인가?"

세상의 못된 짓은 다 하던 말콤과 수민이는 자신의 정체성에 대한 긴 물음을 던졌다. 그리고 그 해답을 독서에서 찾은 것이다. 말콤은 흑인인권운동가로 성장하여 하버드대학교 학생들에게 특강을 하면서 이렇게 말한다.

"나는 여러분처럼 대학을 다닌 적은 없지만, 공부하며 깨달음을 얻은 곳이 있습니다. 바로 감옥입니다. 그곳에서 독서를 통해 나 자신이 다시 태어났습니다."

그 후로 수민이는 표정이 한결 밝아졌다. 사람들에게 인사도 잘하고 학교를 잘 다니는 듯했다. 그러던 어느 날, 수민이가 아주 어두운 표정으로 나를 찾아왔다. 왜 그러느냐고 물었다. 수민이가 전하는 말은 이러했다. 학생부장이 자기를 불러 곧 선도위원회를 열겠다는 말을 했다는 것이다. 그래서 나는 "왜 선도위원회를 연다고 하느냐?"고 물었다. 수민이의 말에 의하면 학생부장의 눈에는 수민이의 태도가 전혀 바뀌지 않았다는 것이었다. 나는 당황스러웠다. 수민이의 태도가 그렇게 보였다면 학생부장은 나에게 먼저 의논을 해야 할 일 아닌가. 수민이의 지도를 맡고 있는 나의 의견은 들어보지 않고 일방적으로 선도위원회를 연다고 학생에게 통보하는 것은 이치에 맞지 않았다. 나는 학생부장과 잘 의논해보겠다며 먼저 수민이를 안심시켰다. 한편으로 수민이에게도 학생부장에게 진심으로 반성하는 글을 보내면 좋겠다고 했다. 나는 학생부장을 만나 수민이의 내면적 변화에 대해 이야기를 했다. 그랬더니 학생부장은 조금 더 기다려보겠다고 했다.

그렇게 수민이의 학교생활이 안정되어갈 무렵이었다. 아카시아 향기가 온 천지에 가득한 5월의 어느 날이었다. 가방을 완전히 꾸린 채로 수민이가 나를 찾아왔다.

"왜 오늘은 집에 일찍 가니?"

"아뇨, 선생님. 저 전학 가요."

나는 갑자기 할 말을 잃고 말았다. 이게 도대체 무슨 말인가.

"뭐라고? 전학 간다고? 왜?"

"선생님, 죄송해요. 미처 말씀을 못 드렸어요. 지난 주말에 엄마가 부산에 내려와서 제 상황을 듣고 서울로 전학을 준비했어요."

수민이는 5월 아카시아 향기와 함께 학교를 떠났다. 그 이후로 몇 년이 지났다. 어느 날 수민이로부터 반가운 편지가 왔다. 나는 이 편지를 후배 아이들 앞에서 읽어주었다. 감사의 편지였다. 부산에서 방황하던 시절 선생님의 도움으로 다시 깨어났다는 이야기, 서울생활에 잘 적응한다는 이야기, 학업에 전념하여 대학에 진학한 이야기 등을 전해왔다. 그리고 대학에 진학한 후엔 종교를 갖게 되었고, 앞으로 세상에 도움이 되는 사람이 되겠다고 했다. 마치 말콤이 자신의 뿌리를 되찾고 흑인들의 인권을 위해 삶을 산 것처럼 말이다.

다행스러운 일이다. 수민이는 우연히 한 권의 독서로 말미암아 긴 방황의 시절을 끝낼 수 있었다. 참으로 다행이다. 전교에서 가장 골치 아픈 문제아, 모든 선생님들이 외면하던 아이, 학업을 내팽개쳐 성적이 전교 꼴찌이던 아이가 어떻게 이처럼 변할 수 있는가? 그것은 꼴통 같은 아이의 내면에도 엄청난 천재가 숨어 있었기 때문이다. 우리가 겉으로 드러난 모습만으로 아이를 판단하면 그 천재성은 절대 발견하지 못한다. 그 아이의 내면에 감춰져 있는 천재성은 일정한 조건만 주어지면 여지없이 그 모습을 드러낸다. 우리는 그 증거를 다정이와 수민이에게서 보았을 뿐이다.

다정이와 수민이가 무슨 천재냐고 생각하는 독자들도 있을 것이다. 다정이와 수민이가 천재라면 세상에 천재 아닌 아이가 어디 있냐고? 맞는 말이다. 그 아이들이 낳은 변화의 양만 놓고 보면 그것은 아주 작고 보잘것없는 것일 수도 있다. 세계적인 천재들이 낳은 위대한 성취에 비하면 위 두 아이의 변화는 전혀 천재적인 것이라 할 수 없다. 그러나 이러한 생각은 천재에 대한 오해에서 비롯된다. 내가 이 아이들을 천재라고 한 것은 어떤 결과물을 두고 한 말이 아니다. 다만 두 학생의 경우는 이제 막 천재의 씨앗에서 움이 트고 있다는 것이다. 비록 그 드러난 새싹은 연약하지만 그 씨앗 속에 들어 있는 천재성은 엄청난 것일 수도 있다. 지금 눈에 보이지 않는다고 위대함이 없는 것은 아니다.

당신의 자녀는
이미 천재다

행복한 천재는
어떻게 태어나는가?

　우리 각자의 내면에는 천재가 다 들어 있다. 다만 천재가 발현될 조건만 기다리고 있을 뿐이다. 만일 그렇지 않다면 질문에 대한 공포가 있었던 다정이가 어떻게 질문천재가 될 수 있겠는가? 학교에서 최고의 꼴통이었던 수민이가 어떻게 독서천재임을 알 수 있겠는가? 다정이가 질문천재이고, 수민이가 독서천재라는 사실은 어떤 조건을 만났을 때 드러났을 뿐이다. 우리가 알든 모르든 다정이와 수민이는 모두 천재성을 지니고 있었던 것이다. 다만 그 천재의 싹이 돋아나지 않았을 뿐이고, 우리가 그 사실을 몰랐을 뿐이다. 당신의 자녀도 이미 천재라는 사실을 명심하라. 그러면 아이는 당신의 믿음대로 될 것이다.

당신의 아이 속에 들어 있는 다양한 천재를 발견하라. 내가 학교 현장에서 만난 천재들은 이루 말할 수 없이 많다. '청소천재, 인사천재, 춤천재, 그림천재, 달리기천재, 봉사천재, 노래천재, 글쓰기천재, 영어천재, 암기천재, 계산천재, 만들기천재, 요리천재, 컴퓨터천재, 싸움천재' 등등 다 나열하기 어렵다. 이 말에 부모들은 어쩌면 웃을지도 모른다. 공부를 잘해야 천재지 이게 무슨 천재냐고. 아직도 천재에 대한 고정관념에 머물러 있을 수 있다. 우리 부모들은 지금까지 그렇게 교육을 받아왔기 때문이다.

모든 인간은 각자 다른 존재이다. 하늘 아래 단 한 사람도 같은 사람은 없다는 사실을 기억하라. 타고난 재능은 모두 다르다. 마음속으로 이렇게 상상해보라. '세상의 모든 아이는 각자의 천재성 씨앗을 하나씩 품고 있다. 그 씨앗들이 봄 햇살과 봄비를 애타게 기다리고 있다.'

그러면 모든 존재가 천재라는 것을 보다 쉽게 받아들일 수가 있을 것이다.

누구의 꿈인가를 잘 보라

이제 우리나라도 비로소 다양한 천재가 필요한 시대에 진입했다. 오늘날 대한민국 청년실업이 극심한 것은 부모들의 천재에 대한 인식 부족과 밀접한 관련이 있다. 현재 우리나라에서 취업을 앞둔 청년들이 가장 많이 몰리는 시험이 무엇인가? 공무원시험이다. 해마다 경쟁률은 놀랄 만큼 올라간다. 경쟁률이 심하다는 것은 그만큼 탈락률도 높다는 뜻이다. 그런데도 왜 취업을 앞둔 청년들이 한곳으로 몰릴까? 우선 일자리의 불안전성 때문일 것이다. 그러나 더 큰 원인은 다양한 인재들이 배출되지 않기 때문이다. 학교에서 비슷하게 공부만 한 학생들이 대량으로 생산되었기 때문이다. 몰개성 교육의 폐해다. 이 사실을 우리 부모와 교사들은 분명하게 인식해야 한다.

학교에서 입시지도를 하다 보면, 아직도 많은 부모들이 자신이 선호하는 직업군으로 자녀가 진학하기를 간절히 바라고 있다. 그것은 분명 우리 부모들의 꿈이다. 그래서 부모가 뜻을 고집하는 순간 아이들과 갈등하게 되고, 아이들은 긴 방황의 길을 걷게 된다. 아이들은 자신의 정체성에 혼란을 겪게 되고 자신감을 잃게 된다.

이제는 '다품종 소량생산 시대'이다. 이 말은 다양한 인재들을 소규모를 뽑는 시대라는 뜻이다. 현재의 청년실업문제는 쉽게 해결할 수 없는 난제처럼 보인다. 그러나 우리 부모가 자녀를 바라보는 눈만 살짝 바꾸고, 천재에 대한 인식만 조금 개선하면 쉽게 해결할 수 있다. 자녀가 어릴 때부터 아이가 무엇을 잘하는지 눈여겨보라. 어떤 재능이 발견되면 진심으로 칭찬해주자. 비록 그 재능이 아무리 작고 하찮게 생각될지라도, 내가 바라는 재능이 아닐지라도 말이다. 이 재능을 부모의 기준으로 '쓸모없다' 하고 재단하는 순간 아이의 천재성은 말없이 사라지고 만다. 그렇게 되면 지금처럼 비슷한 재능을 가진 아이들만 대량생산되고, 그들이 한곳으로 몰려 청년실업이 극심해지는 악순환이 되풀이된다. 청소년들의 미래는 당신의 생각에 달려 있음을 명심하라.

평범 속에 비범이 있다

작고 평범한 것에서 천재를 찾아라. 우리는 늘 겉으로 드러난 것만을 인정하는 버릇이 있다. 사람은 눈으로 직접 보아야만 믿기 때문이다. 그러나 어떤 물질이 눈에 보이지 않는다고 존재하지 않는 것이 아니다. 예컨대 눈에는 보이지 않는 공기는 우리가 그 존재를 인식하지 못한다고 해서 없는 것이 아니다. 공기가 단 한순간이라도 없으면 우리는 살 수 없다. 눈에 보이지 않는 공기가 존재하기에 우리 또한 이 지구상에 존재하는 것이다. 공기의 성분을 더 분석해보면 그 속에는 질소, 산소, 이산화탄소, 아르곤, 수소, 네온 등이 있다. 이것들을 우리가 볼 수 있는가. 전혀 볼 수도 없지만, 이 요소들은 분명 존재하고 있다. 과학자들은 우주 속에는 우리가 인식할 수 있는 것보다 인식하지 못하는 것이 훨씬 더 많다고 이야기한다. 물질보다는 비물질이 더 많이 존재하고 있다. 이 비물질을 과학계에는 '암흑물질(Dark matter)'

이라 한다. 모든 물질은 이 비물질에서 나온다. 다시 말하면 모든 별들은 이 암흑물질에서 비롯된다. 이것이 '빅뱅'이라는 대표적인 우주 생성이론이다.

눈에 보이지 않는 것(비물질)이 눈에 보이는 것(물질)보다 우주의 근원에 더 가깝다. 이처럼 우리 인간도 눈에 띄지 않는 수많은 평범한 사람들이 오히려 두드러지게 뛰어난 소수의 비범한 사람보다 우주의 근원에 더 가깝다고 할 수 있다. 우주적 차원에서 바라보면 평범과 비범은 따로 있는 것이 아니다. 물질과 비물질이 하나인 것처럼, 평범과 비범도 한 존재이다. 곧 평범 속에 비범이 있고, 비범 속에 평범이 있는 것이다. 그런데도 우리는 굳이 천재를 따로 구별하려 한다. 더 나아가 천재와 영재를 구별하고, 범인과 둔재를 구별하려 한다.

이 세상에 존재하는 모든 것은 우주에서 나온 것이다. 우주에서 태어난 존재들이 서로를 차별하려는 것은 한 가족임을 부정하는 것과 같다. 우리는 모두 하늘의 능력을 갖고 태어난 천재들이다. 우리가 스스로의 존재를 인정할 때 내 안에 있는 천재의 능력은 깨어날 수 있다. 스스로를 위대한 존재라고 생각하면 위대해질 수 있다. 이것이 바로 생각이 낳는 기적이다.

이제부터 우리는 남다른 기이한 천재를 찾으려 해서는 안 된다. 아주 평범한 아이의 일상에서 천재를 찾아야 한다. 이렇게 생각을 바꾸면 천재의 아주 다양한 모습을 발견하게 될 것이다. 더 나아가 우리는 세상의 모든 아이들이 천재임을 알게 될 것이다. 곧 우리의 본성을 회복하는 일이다. 이것이야말로 우리 부모가 자녀들에게 물려줄 가장 위대한 유산이다.

2

천재를 원하면
관점부터 바꿔라

"발견을 위한 진정한 항해는
새로운 땅을 찾는 것이 아니라 새로운 눈을 갖는 것이다."

– 마르셀 프루스트(Marcel Proust) –

닭장 속의 붕새를
날게 하라

·

·

전설의
붕새 이야기

새해 아침이면 사람들은 일제히 바다로 달려 나간다. 아침에 떠오르는 가장 정결한 태양의 기운을 온몸에 받기 위함이다. 수면 위로 솟아오른 태양은 온 세상의 만물 위에 그 강렬한 빛을 던진다.

세상은 순식간에 온통 빛, 빛, 빛의 천지가 된다.

사람들은 붉은 태양빛 화살에 온몸을 맡긴 채 말없는 세례식을 올린다. 지난해의 힘들고 어두웠던 기억들을 모두 저 태양신에게 던져버리는 씻음 의식을 한다. 멀리서 종소리가 댕그랑 울리고 은은히 잦아드는 사이, 낡은 것들은 일제히 종소리와 함께 조용히 사라져버린다. 또 한 번 댕그랑 울려오는 종소리에 만물이 일제히 새로운 모습으로 바뀐다.

세상이 다시 태어나고 있다. 이 순간 사람들은 밝게 솟아오르는 태양 앞에 저마다의 꿈을 꾼다. 그리고 간절히 마음으로 기도한다. 그 꿈을 꼭 성취할 수 있도록 큰 힘을 달라고 빈다. 그 강렬한 빛으로 지난 어둠을 밀어내고자 한다. 몸과 마음의 상처를 깨끗이 씻게 해달라고 비는 것이다. 이렇게 우리는 태양 앞에 일제히 마음 목욕을 하고 새로운 출발을 한다. 이때만큼 순결한 마음은 없다. 이때만큼 자연과의 교감이 잘 이루어지는 순간도 없다. 일체의 종교에 관계없이 위대한 자연 앞에 하나가 된다. 우리 마음은 온통 자연에 대한 경건함으로 가득하다. 맑은 정신으로 충만하다. 드디어 우리의 마음이 본성을 되찾은 순간이다.

과학자들은 우주가 '빛과 에너지'로 이루어져 있다고 한다. 그들이 말하는 빛은 무엇인가? 우주의 마음 혹은 우주의 의식을 말한다. 에너지는 바로 우주의 몸을 가리킨다. 우리 인간은 우주에서 태어났다. 그렇다면 인간도 빛과 에너지로 이루어져 있을 것이다. 빛은 우리의 마음이요, 에너지는 우리의 몸이다. 이처럼 인간의 본래 마음도 밝은 빛이다. 빛은 곧 새로운 마음이다. 새해 아침에 사람들은 잠시나마 그 빛을 찾은 것이다. 이때 사람들의 마음은 온통 빛으로 가득하다. 우리 내면의 천재가 깨어나는 순간이다. 그동안 바쁜 삶 속에 가려서 보이지 않았을 뿐이다. 그래서 사람들은 새해에 다시 희망을 이야기한다.

나는 《장자(莊子)》 이야기를 참 좋아한다. 그중에서도 〈소요유(逍遙遊)〉 편에 나오는 상상 속의 새, 붕(鵬)새 이야기는 너무나도 호쾌하다. 붕새는 우리의 잠들었던 천재를 단숨에 깨워주는 이야기이다. 붕새를 백과사전에는 이렇게 소개하고 있다.

붕이라는 새는 북쪽 바다에 사는 상상의 물고기 '곤'이 변해서 된 새이다. '곤'은 크기가 몇 천리나 된다고 하는데, 붕새 또한 길이가 몇 천리나 되는지 알 수 없을 정도로 크다고 한다. 한 번에 9만 리를 날아오르는데 날개는 구름처럼 하늘을 뒤덮고 파도가 3천 리에 이를 정도로 큰 바람을 일으킨다. 이 새는 살고 있는 북쪽 바다를 벗어나 끊임없이 남쪽 바다로 날아가려 한다.

우리 인간들의 마음속 깊은 곳에는 원래 새 한 마리가 살고 있었다. 그 새가 한 번 날개를 펴서 날갯짓을 하면 단숨에 9만 리를 창공을 날아간다. 이 새의 날개는 온 하늘을 덮고도 남는다. 이윽고 날개를 펴자 일시에 하늘이 어두워진다. 날개를 저어 물결을 일으키면 온 바다가 뒤흔들린다. 파도소리가 마치 하늘을 가르는 우뢰처럼 쇄아아악 들려온다.

방금 여러분은 붕새 이야기를 들었다. 혹시 마음속에서 천지를 가르는 힘찬 날갯짓 소리를 들었는가? 온 하늘을 뒤덮은 붕새의 거대한 이미지를 떠올릴 수 있었는가? 만일 그렇다면 당신의 내면에 잠들어 있던 천재가 깨어난 것이다. 생각해보라. 세상에 이런 새가 어디 있겠는가? 그것은 오직 당신의 마음속에 있을 뿐이다. 이 모든 것은 하나의 상징이다. 그러나 이 상징은 매우 진실하다. 상징은 우리의 보이지 않는 내면을 가장 사실적으로 표현하는 방법이다.

이 붕새는 무엇을 의미하는 것일까? 온 우주를 자유자재로 비행하는 새를 상상해보라. 그 새가 되어 하늘을 날아보라. 얼마나 가슴이 시원해지는가. 그 붕새는 바로 거대한 본래의 당신을 뜻한다. 즉 붕새는 어디에도 얽매이지 않고 자유로운 정신세계를 마음껏 누리는 위대한 존재를 의미한다. 붕새는 우리 의식의 크기를 나타낸 것이다. 우리는 한때 9만 리 창공을 단숨에 한 날갯짓으로 날던 붕새라는 것을 일깨워주는 이야기이다. 장자는 우리에게 본래 의식을 되찾게 해준다. 내가 곧 붕새라는 이야기다. 우리는 현실의 삶을 살면서도 얼마든지 자유로운 비상을 할 수 있다. 우리는 원래 우주를 마음대로 날 수 있는 붕새이니까.

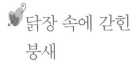 닭장 속에 갇힌 붕새

《트렌드 코리아 2017》은 서울대학교 소비트렌드 분석센터가 2017년 전망을 담은 책이다. 이 책의 표지는 핑크빛으로 가득하다. 서문에서 핑크빛은 레드의 행동지향성과 화이트의 내면적 영감이 혼재된 이중성을 가진 색이라고 소개한다. 그리고 서문 제목을 'Chicken Run: 진짜 철조망은 우리 머릿속에 있다'고 썼다. 나는 이 책을 읽으면서 우리나라의 현 상황을 이렇게 절묘하게 표현할 수 있을까 감탄했다. 재미있는 제목에 환상적인 색조 이미지가 조화를 이루고 있다. 제목만 봐도 저절로 우리나라 국민들의 모습이 마치 닭장 속에 갇힌 닭들의 이미지로 떠오른다. 기가 막힌 표현이다. 그러면서 '왜 닭들은 치킨 집으로 팔려가기 전에 탈출을 꿈꾸지 못하는가?'는 질문을 던진다. 그 답을 영화 〈치킨 런〉의 여자주인공의 대사로 돌려준다.

"문제가 뭔지 알아요? 진짜 철조망은 여러분 머릿속에 있다는 거예요."

이 대목에서 나는 엄청난 영감을 얻었다. 영어로 '치킨 런(chicken run)'은 울타리 철망을 둘러놓은 '닭장'을 뜻한다. 김난도 교수는 '닭장 속에 갇힌 닭들'을 보면서 2017년 우리나라의 어려운 경제상황과 국민들의 모습을 연상했는지 모르겠다. 그러나 나는 그 순간 잔뜩 움츠려 있는 우리나라 청소년들이 바로 떠올랐다. 오늘도 교실에서 선생님들의 길고 긴 강의 앞에 지쳐 쓰러져 자는 아이들의 모습 말이다. 깨어 있는 아이마저도 일사천리로 달리는 선생님의 수업에 주눅 들어 감히 질문을 던지지 않는다. 아이들은 이미 수업의 구경꾼이 된 지 오래고, 한 번도 스스로 날아보려고 하지 않는다. 봄은 어느덧 다가와 희망을 노래하지만 오늘도 아이들은 히터를 켠 따뜻한 교실에서 꼬박꼬박 졸고 있다. 닭장 속에 갇힌 닭들이 봄 햇살 아래 한데 모여 옹송그리고 있다가 졸고 있는 모습과 너무 닮았다. 닭장 속의 닭들과 교실 속의 아이들은 더 이상 날려고 하지 않는다.

왜 우리는 닭장 속의 붕새가 되었는가?

한마디로 우리의 본래 마음인 본성을 잃은 까닭이다. 본성은 우리의 본래 성품을 뜻한다. 천성 혹은 본성이라고 한다. 그것이 바로 천재의 마음이다. 오늘날 우리는 왜 하늘같이 큰 천재의 마음을 잃었을까? 그동안 먹고 살기 바빠서 우리가 곧 하늘이고, 곧 우주라는 생각을 해본 적이 없기 때문이다. 그것을 가르쳐본 적도 없다. 그러나 적어도 일제강점기 이전 우리 선조들의 의식은 그러하지 않았다. 조선은 우주의 근본원리를 놓고 500년간 치열하게 토론하고 논쟁한 나라였다. 철학의 왕국이었다. 위대한 정신의 나라였다. 우리는 20세기 초반에 나라를 잃고 20세기 중반에는 나라 안의 전쟁으로 모든 것을 잃어버렸다. 그때 우리가 상실한 유산 중 가장 큰 것은 바로 위대한 정신문화이다. 그때 단절되었던 우리의 정신문화는 아직도 이어지지 못하고 있다.

우리는 지금 그 대가를 치르고 있다. 그것은 여러 가지 '문화지체 현상'으로 나타난다. 우리의 정신은 물질적 풍요를 따라가지 못하고 있다. 천성적으로 근면한 우리 민족은 전쟁의 폐허를 딛고 1960년대 초반부터 서서히 깨어나기 시작한다. 정보통신기술로 3차산업을 리드해온 한국은 짧은 시간에 경제대국으로 성장했다. 엄청난 물질적 성장을 이뤄낸 우리는 풍요해졌다. 그것을 일컬어 '한강의 기적'이라 한다. 한편으로 그 풍요로움 이면에 가려져서 보이지 않던 문제들도 동시에 드러나기 시작했다. 한국전쟁 이후 약 30년간 우리는 절대적 빈곤에서 벗어나기 위해 물질적 풍요와 성공신화만 쫓아서 달려왔다.

그 결과 정신 붕괴 현상이 가정과 학교, 사회 도처에서 일어나고 있다. 맞벌이를 하는 부부는 가정을 비웠다. 가정의 수입은 늘었지만 이혼율이 급증하는 가정해체 현상이 생겨났다. 상처받은 아이들은 심리적으로 불안해하고, 작은 일에도 분노하고, 공격적으로 변해갔다. 학교에서는 치열한 경쟁에서 승리하는 공식을 지상의 목표로 삼았다. 고등학교는 명문대학에 몇 명을 넣었는가가 학교 평가의 주요 잣대가 되었다. 그 사이 성공 지향적인 교육은 많은 실패자를 낳았다. 절망에 빠진 아이들은 죽음을 택했다. 교사 중심의 엄청난 학습으로 아이들은 지치고 학습의 구경꾼으로 전락하고 말았다. 상품을 대량 생산하듯이 학교도 획일화된 교육프로그램으로 똑같은 아이들을 대량으로 생산하게 되었다. 지금의 대규모 청년실업은 이 몰개성의 교육과 무관하지 않다. 사회에서는 공동체 개념이 사라지고 경제적 빈부의 차이가 극심해졌다. 이웃 간에는 자신의 이익에 조그만 손해가 생겨도 참지 못한다. 쉽게 흥분하고 사소한 시비 때문에 사람의 생명까지 해하는 일이 자주 발생하고 있다. 다시 말하지만 우리는 지금 너무 비싼 대가를 치르고 있다.

우리가 매일 맛있게 먹는 배스킨라빈스(Baskin Robbins)는 '세상에서 가장 큰 아이스크림 프랜차이즈'이다. 어바인 라빈스(Irvine Robbins)의 아들인 존 로빈스(John Robbins)는 유일한 상속자였다. 그런데 이 거대한 기업의 상속자인 존 라빈스는 막대한 재산과 명예를 줄 수 있는 상속권을 포기하고 환경운동가로 변신했다. 그는 미국 축산업과 낙농업의 폐해와 육식의 위험성을 고발하는 책을 썼다. 그 책이 바로《육식, 건강을 망치고 세상을 망친다(Diet for a new America)》이다.

존 라빈스는 아버지의 성공 스토리 이면에 숨은 진실을 고발했다. 이 이야기는 더 이상 남의 나라 이야기가 아니다. 나는 지금 존라빈스가 된 기분이다. 부모들이 물려준 풍요로운 물질적 유산을 부정하고 그 이면의 폐해를 고발하는 모습이 말이다. 바로 지금 우리 아이들의 모습이 닭장 속에 갇힌 봉새의 모습이기 때문이다. 지금 아이들에게서 전혀 봉새의 모습을 찾을 수가 없다. 그저 한 마리의 초라한 닭일 뿐이다. 그것이 너무 가슴 아프다.

지금부터 우리는 자유로운 영혼인 봉새를 훨훨 날게 해야 한다. 우리 아이들이 저 하늘의 붕새가 되어 세상을 날면 얼마나 행복할 것인가. 세상을 경영하는 천재를 얻은 부모는 얼마나 기쁠 것인가. 그렇게 하려면 우리가 먼저 찾아야 할 것이 몇 가지 있다.

진짜 울타리는 당신의 머릿속에 있다

'닭장의 주인은 누구인가?'

이 말은 누가 붕새를 닭장 속에 가두었는가를 보자는 의미다. 누가 거대한 붕새를 초라한 닭으로 만들었는가를 알아야 한다. 우리가 이 물음에 대한 답을 제대로 찾는다면 다음 질문들은 저절로 해결될 것이다. 닭은 왜 스스로 날지 못하는가? 우리는 왜 닭을 상품으로 만들려 하는가? 닭은 상품이 아니면 존재가치가 없는가?

'누가 닭장 위에 철망을 둘렀는가?' 이 물음에 당신은 어떻게 답을 하겠는가. 그 철망은 바로 내가 둘렀다고 답할 수 있는가? 닭장의 주인은 바로 '나' 자신이라고 말할 수 있는가? 그렇다면 당신은 매우 용기 있는 사람이다. 나는 당신이 그렇게 되기를 간절히 바란다. 이 물음에 자기 책임을 공감할 수 있다면, 당신은 문제를 스스로 해결할 수 있는 사람이다. 그리고 당신의 자녀도 행운아다.

위대한 존재로 태어난 아이를 당신의 좁은 의식 속에 가두었음을 인식하는 일은 매우 중요하다. 그것은 당신의 자녀가 이미 천재임을 안다는 뜻이다. 나아가 당신은 자녀가 평범한 그대로 위대한 존재라는 사실을 안다는 뜻이기 때문이다. 아이는 닭이면서 동시에 봉새인 것이다. 닭이 갑자기 커져서 봉새가 되는 것이 아니다. 절대 그렇게 될 수도 없다. 그저 있는 그대로 위대한 봉새이다. 닭과 봉새는 똑같은 존재이다. 둘이 아니라 하나이다. 그것을 둘로 나누는 것이 우리의 좁은 생각이다. 결국 우리의 생각이 울타리를 친 것이다. 그러나 당신은 스스로를 책망할 필요는 없다. 당신은 한 번도 아이를 가두려고 한 적이 없기 때문이다. 그것은 당신도 모르는 사이에 저질러진 일이다. 바로 마음작용이다. 다만 당신은 그 마음에 대해 몰랐을 뿐이다.

천재는
당신의 눈 속에 있다

부모의
관점 바꾸기

"발견을 위한 진정한 항해는 새로운 땅을 찾는 것이 아니라 새로운 눈을 갖는 것이다."

마르셀 프루스트의 말이다. 여러분이 찾는 신천지는 다른 곳에 있지 않다. 바로 당신의 눈 속에 있다. 즉 당신의 관점만 새롭게 바꾸면 바로 이곳이 신천지가 된다. 프루스트는 내가 하고 싶은 말을 멋지게 대신해주었다. 이 말을 나는 그대로 부모인 당신에게 들려주고 싶다.

"천재를 찾아서 멀리 헤매지 마라. 천재는 바로 당신의 눈 속에 있다."

지금 당신에게 필요한 것은 관점만 살짝 바꾸는 일뿐이다.

"당신의 자녀는 이미 천재다!"

이 책에서 나는 이 주장을 계속 반복할 것이다. 여러분이 "아, 정말 그렇구나!" 하고 스스로 고개를 끄덕일 때까지 되풀이할 것이다. 자, 이렇게 가정해보자. 당신은 지금까지 아이를 한 번도 천재라고 생각하지 않았다. 그런데 이 책을 읽고 이제는 아이가 그저 있는 그대로 훌륭한 존재라고 생각하게 되었다. 무엇이 이러한 변화를 낳았을까? 바로 당신의 관점이다. 즉 개체의 관점에서 전체의 관점으로 바뀐 것뿐이다. 기존의 관점은 당신의 '개체 마음'을 뜻한다. 개체의 생각은 사물을 있는 그대로 보지 못한다. 자신이 보고 싶은 쪽으로만 본다. 그러나 이 마음은 진실이 아니다.

사람은 누구나 다 태어나서부터 지금까지 살아오면서 먹은 마음이 있다. 그 마음을 개체 마음이라 한다. 마음속에 열등의식이 있는 부모는 아이도 부족한 존재로 보게 된다. 이러한 현상을 나는 '마음 유리창 효과'라고 한다. 우리의 마음은 마치 유리창에 칠한 색깔과도 같다. 그 유리창에 어떤 색깔을 칠하느냐에 따라 창밖의 사물도 다르게 보인다. 각자의 마음 색깔로 바라본 사물은 실제 모습이 아니다. 그것은 개체 마음이 지어낸 모습에 불과하다. 이것만 인정해도 우리는 올바른 인식에 도달할 수 있다.

그럼 어떻게 사물을 있는 그대로 볼 수 있을까? 제일 간단한 방법은 각자의 마음 유리창을 깨트리는 것이다. 혹은 유리창에 칠한 색깔을 지우면 된다. 이보다 더 본질적인 방법이 있다. 모든 것을 그대로 두고 사물을 전체적으로 바라보기만 하면 된다. 그러면 내 마음의 유리창도 보이고, 그 유리창에 칠한 색깔도 보인다. 그 색깔을 억지로 없애려 하지 말라. 우리가 현실을 살아가는 데 필요한 것들이다. 우리 마음속 유리창의 색깔을 심리학에서는 '에고의 세계'라 한다. 이 세계에서 인간의 오욕칠정이 일어난다. 이 자체를 부정할 필요는 없다. 하지만 그 세계에 빨려 들어가서는 안 된다. 그저 그것을 멀찌감치 떨어져서 바라보기만 하면 된다. 그것을 가능케 해주는 것이 바로 전체를 바라보는 눈이다. 이것이 바로 본성의 눈이다.

본성의 눈으로 바라보면 모든 게 있는 그대로 보인다. 평범해 보이는 당신의 아이가 곧 천재이고, 천재가 바로 평범한 모습을 하고 있음을 알 수 있다. 곧 닭이 붕새와 다르지 않음을 아는 것이다. 2017년은 닭의 해이다. 닭은 빛의 동물이다. 새벽을 알리는 닭은 인간을 꿈에서 깨어나게 하는 존재다. 우리 모두가 닭의 울음소리를 듣고 꿈에서 깨어나고, 닭처럼 밝은 마음의 빛을 찾으면 좋겠다. 그러면 우리 아이들도 닭장 속의 울타리를 넘어 훨훨 날게 될 것이다. 우주를 마음껏 날아다니는 자유로운 영혼이 될 때, 아이들은 무한한 창의력을 쏟아낼 것이고 행복할 것이다. 이것은 초라한 닭이 위대한 붕새로 탈바꿈하는 일이다. 그 기적을 가능케 하는 것은 당신의 눈이다.

삶을 어떻게
바라볼 것인가?

●

●

🦋 행복은
마음속에 있다

당신은 스스로 삶에 대해 어떠한 태도와 자세를 가졌는지 진단해
본 적이 있는가? 이것을 점검하려 할 때 가장 효과적으로 도움을 줄
수 있는 말이 있다. 바로 위대한 과학자 알베르트 아인슈타인의 삶에
대한 통찰에서 나온 명언이다.

인생을 사는 방법은 두 가지다. 하나는 아무 기적도 없는 것처럼
사는 것이요, 다른 하나는 모든 일이 기적인 것처럼 사는 것이다.

천재과학자의 삶에 대한 태도를 잘 읽을 수 있는 대목이다. 아인

슈타인은 자신에게 주어진 하루하루를 삶의 기적이라는 생각으로 맞이했음을 알 수 있다. 나는 지금까지 우리가 가진 삶의 태도를 이보다 더 명쾌하게 설명한 것을 들어보지 못했다. 당신은 어느 쪽인가? 아마 대다수는 전자와 같을 것이다. 많은 사람들은 매일 매일을 똑같이 아무 기적도 없는 것처럼 살아간다. 누구나 삶의 기적을 바랄 것이다. 그런데 우리에게 왜 이런 차이가 생길까? 그 차이는 우리가 '삶의 기적을 어디에서 찾으려 하는가?'에서 나온다.

삶의 기적은 어디에 있는가? 우리는 늘 일상에서 자신에게 멋지고 근사한 일이 기적처럼 일어나기를 기대한다. 하지만 그런 일은 좀처럼 일어나지 않는다. 많은 사람들은 '기적이란 전혀 불가능하다고 믿었던 일이 갑자기 현실로 다가오는 것'이라고 생각한다. 즉 우리는 기적에 대해 환상을 품고 있다.

그렇다면 우리는 왜 이렇게 큰 기대감을 품고 있을까? 기적을 밖에서 찾으려 하기 때문이다. 원하는 수많은 조건들이 갑자기 충족되었을 때 우리는 그것을 기적이라고 생각한다. 그러나 그러한 현상은 일어나기도 힘들지만, 설령 일어난다고 해도 그것은 당신 밖에서 갑자기 뚝 떨어진 행운일 뿐이다. 이런 기적은 나의 의지와는 전혀 상관없이 생기는 일이다. 이런 식으로 기적을 바라게 되면 우리에게 기적은 좀처럼 일어나지 않을 것이다. 이제 기적에 대한 환상을 깨트려야 한다.

그 기적을 밖에서 구하지 말고 자기 안에서 구해보자. 그러면 아인슈타인의 말이 굉장히 쉽게 다가올 것이다. 일체의 조건을 따지지 말고 그저 내가 이 세상에 존재한다는 사실, 그것만으로도 기적이라고 생각하자. 이것은 사실이다. '나'라는 존재가 생명을 가지고 지금 이 지구상에 살아 있다는 것 자체가 경이로움 아닌가. 지금 나의 삶이 나의 뜻대로 되든 아니든, 내가 가진 것이 많든 적든, 행복하든 불행하든, 건강하든 아프든, 혹은 출세를 했든 실패를 했든 간에 한 생명으로 존재한다는 사실만으로도 기적인 것이다.

삶의 조건들이 충족될 때만 행복하다면 우리의 삶은 참으로 힘들 수밖에 없다. 그러나 아무 조건 없이 나는 행복해질 수 있다. 기적을 내 안에서 찾으면 된다. 내가 세상을 어떻게 바라보는가에 달린 문제라는 뜻이다. 나에게 주어진 삶을 어떻게 바라보는가에 따라 우리의 행과 불행이 달려 있다. 삶에 대한 시각만 살짝 바꿔도 바로 나의 삶은 살 만한 인생이 될 수 있다. 이것이 바로 당신 마음이 가져다주는 마법이다. 기적을 당신 밖에서 찾으려 하지 말라. 기적과 행복은 바로 당신의 마음속에 있다.

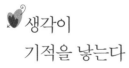

생각이
기적을 낳는다

생각 하나가 기적을 낳는다. 기적은 기적이라 믿는 자에게만 일어난다. 우리의 삶은 내 뜻대로 되지 않고 우리를 힘들게 하는 일들이 매일처럼 일어난다. 이럴 때 나의 하루를 어떻게 바라볼 것인가? 대부분은 자신을 지치게 하는 일을 불평하며 삶을 부정적으로 바라보기 쉽다. 그렇게 되면 삶은 더욱 꼬이고 피곤한 일로 가득 차게 된다. 부정적인 생각은 부정적인 결과를 낳는다. 생각을 살짝 비틀어보자. '나는 지금 있는 그대로 행복하다. 삶의 조건들이 나를 행복하게 하는 것이 아니다. 내 마음이 나를 행복하게 하는 주인이다.' 이렇게 마음만 바꾸면 지금 당장 행복해질 수 있다. 현재 나의 삶이 비록 힘들고 지친 날이 계속되어도 나에게 주어진 시간에 대해 감사한 마음이 든다. 이것이 생각의 기적이다.

우리 삶은 마음먹기에 달렸다. 특히 자신을 불행하게 만드는 삶의 조건들이 많으면 생각부터 긍정적으로 바꿀 필요가 있다. 긍정적인 생각이 삶의 조건들을 긍정적으로 바꿔준다. 똑같은 일을 하면서도 어떤 마음으로 하느냐에 따라 조건들이 변할 수 있다. 오리슨 스웨트 마든(Orison Swett Marden)은 《미라클(The Miracle)》에서 이렇게 이야기한다.

우리는 환경에서 벗어날 수 없지만, 생각과 인생관을 바꿔 스스로 환경을 만들 수는 있다. 우리가 어떻게 생각하느냐에 따라 환경도 달라진다. 인생이 천국이 되느냐 지옥이 되느냐는 자신의 의지에 달렸다. 이 모든 것이 생각으로 결정된다.

우리 인간은 특정한 환경 속에서 살아갈 수밖에 없지만, 그 환경은 우리의 마음에 따라 얼마든지 바뀔 수 있다는 말이다. 그것은 물질적 환경일 수도, 심리적 환경일 수도 있다. 똑같은 물질적 환경이라도 심리적 환경에 따라 전혀 다른 환경으로 변할 수 있다. 삶의 조건이 우리를 지배하는 것이 아니라, 우리의 생각이 삶의 조건을 만드는 것이다. 곧 생각이 기적을 낳는다.

기적은 반드시 일어난다고 믿어라. 그 기적을 낳는 주체가 남이 아니라 내가 되게 하라. 앞에서 이야기한 것처럼, 삶이 기적이라고 믿는 자에게 기적은 이미 일어나고 있는 것이다. 긍정적으로 믿는 자에게는 이미 그 생각이 현실로 다가온다. 우리의 생각대로 뇌는 변한다. 생각을 바꾼다는 것은 뇌를 바꾼다는 의미다. 인류의 뇌는 고정불변이 아니라 계속 진화하고 있다. 원시시대 이후로 끊임없이 변하는 인류의 환경에 따라 우리의 뇌도 진화하고 발전해왔다. 점점 전문화되고 세분화되는 사회 환경에 맞춰서 우리의 두뇌구조도 계속 확장될 수밖에 없다. 오리슨 스웨트 마든은 자신의 책에서 미래의 교육혁명은 인간의 두뇌혁명에서 시작될 수 있다고 했다.

인류는 뇌의 무한한 가능성을 이제야 알아차렸을 뿐이다. 뇌를 바꾸고 성격을 개조할 수 있는 비밀이 드러나면 언젠가 교육혁명이 일어날 것이다.

우리 뇌의 무한한 확장 가능성을 이야기하는 부분이다. 이 말은 우리가 본래 가진 두뇌능력을 극히 일부만 사용하고 있다는 뜻이다. 즉 우리 내면에는 무한한 능력을 가진 천재가 들어 있다는 말이다. 우리 각자가 이 '내면의 천재'를 발견하는 순간 인류 사회는 엄청난 능력의 빅뱅이 일어날 것이다. 그러나 현재 우리 교육은 내면의 거대한 천재는 잠재워놓고 끊임없이 밖으로부터 어떤 능력들을 습득하려고 애를 쓰고 있다. 참으로 어리석고 비효율적인 게임을 하고 있다.

자녀의 성장을 위해서 가장 먼저 할 일은 무엇인가? 바로 아이 안의 천재를 깨우는 것이다. 그 바탕 위에서 다양한 지식들을 배우면 아이는 일취월장할 것이다. 그것은 마치 '거대한 능력을 가진 천재들의 어깨 위에 올라서는 것'과 같다. 이것이 바로 교육혁명이다. 억지로 아이에게 타인의 지식을 주입하려 하지 말라. 조용히 자신의 내면을 들여다보고 자신이 바로 천재임을 자각하도록 도와주어라. 그렇게 하려면 부모부터 자신이 천재임을 인식해야 한다. 부모의 인식만큼 자녀는 성장할 수 있다.

기적의 주체는 바로 나임을 믿어라. 내 안에는 내가 몰랐던 엄청난 천재가 들어 있음을 인정하라. 그 천재가 바로 본래의 나다. 그것은 분명한 사실이다. 이 사실을 보여준 선배 천재들이 있다. 그들은 자기 안의 천재를 믿고 그것을 밖으로 드러나게 했을 뿐이다. 기적은 밖에 있는 것이 아니라 내 안에 있다. 기적은 내 속에서 시작된다. 내 생각대로 이루어진다는 사실을 믿어라. 이것이 바로 인생혁명이고 교육혁명이다. 모든 부모들이 생각을 바꾸면 자녀들은 얼마 지나지 않아 거대한 천재들로 깨어날 것이다. 모두가 서로 비교하지 않고도 행복한 천재로 살아갈 것이다.

삶은 당신 생각의 표현이다

이 말은 참으로 무서운 말이다. 삶은 기적이 될 수도 있고 악몽이 될 수도 있기 때문이다. 삶은 우리의 생각을 비쳐주는 거울이다. 삶은 우리 생각의 기록물이다. 삶의 모습 속에 우리의 생각이 고스란히 드러난다. 우리는 생각대로 삶을 살아가게 된다는 말이다. 생각 이상으로 삶은 펼쳐지지 않는다. 우리가 생각을 크게 하면 그만큼 삶은 더 원대하게 펼쳐질 수 있다는 말이다.

당신은 삶을 어떻게 바라볼 것인가? 기적을 바라면 삶을 기적이라고 생각하라. 생각대로 삶이 기적이 될 것이다. 전혀 뜻밖에 예상치 못한 일이 일어나는 것이 기적이 아니라, 이미 살아 있다는 것 자체가 기적이다. 하지만 기적 같은 삶은 없다고 생각하면 실제로 삶에서 기적은 절대 일어나지 않는다. 당신의 생각이 기적을 가로막기 때문이다. 당신 생각으로 기적이 아니라면 기적이 아닌 것이다. 당신의 마음에 달렸다는 말이다. 모든 것은 마음이 만든다는 말을 들어봤는가?
일체유심조(一體唯心造)! 우리의 위대한 선배 천재 원효의 생각이다.
생각이 바로 기적임을 알아야 한다.

자녀를 어떻게
바라볼 것인가?

당신의 시각이
자녀 인생을 바꾼다

　지금까지 인생을 어떻게 생각하느냐에 따라 우리의 인생이 펼쳐
진다는 것을 이야기했다. 이제 '자녀를 어떻게 바라볼 것인가?'를 이
야기할 차례다. 부모의 시각이 자녀의 인생을 좌우할 수 있다. 정말
그럴까? 어른들의 시각이 어린 자녀들에게 어떤 영향을 끼칠 수 있을
까? 똑같은 아이더라도 부모의 관점에 따라서 천재가 될 수도 있고,
평범한 아이가 될 수도 있다. 긍정적으로 바라보면 긍정적인 결과를
낳는다. 반면 부정적으로 바라보면 아이는 부정적으로 자라게 된다.
이것을 잘 보여주는 실험이 있다. 바로 로젠탈 실험이다. 서울대학교
정성훈 교수는《사람을 움직이는 100가지 심리법칙》에서 '로젠탈효

과'를 이렇게 소개한다.

캘리포니아 주립대학의 로버트 로젠탈(Robert Rosenthal) 교수는 1968년 초등학교 교장선생님인 레오노레 야콥슨(Leonore Jacobson)과 함께 샌프란시스코의 한 초등학교 학생들을 대상으로 실험을 진행하였습니다. 먼저 전교생의 지능지수를 검사한 후, 그 결과와는 관계없이 무작위로 학생 중 20%를 뽑아 담임선생님들에게 이 아이들은 특별히 IQ가 높으니 학업 성취 향상 가능성이 매우 높을 것이라고 믿게 했습니다. 8개월 후 다시 지능검사를 해보았더니, 20%에 선발되었던 학생들은 실험 전 IQ와는 상관없이 다른 학생들보다 IQ가 높게 나왔습니다. 성적이 향상된 것은 말할 것도 없었지요. 로젠탈은 또 하나의 흥미 있는 실험을 했습니다. 선생님이 어떤 학생에 대해 평가하는 화면을 녹화한 비디오를 학생에게 보여주었습니다. 하지만 소리를 줄여 실제 말소리는 듣지 못하게 했답니다. 그러나 불과 10초도 지나지 않아 학생들은 선생님이 긍정적으로 평가하는지 부정적으로 평가하는지를 정확히 맞힐 수 있었습니다.

이 실험은 무엇을 의미하는가? 여기서 우리는 중요한 몇 가지 의미를 발견할 수 있다. 첫째, 교사가 우수한 학생이라고 믿으면 그 아이는 이전의 성적이나 태도와 상관없이 실제로 성적이 우수하고 모범적인 학생이 되어간다. 둘째, 교사가 어느 학생을 우수한 학생이라고 생각하면 교사의 태도도 그에 맞게 바뀐다. 셋째, 학생들은 교사가 자신을 어떻게 평가하는지 교사의 태도를 통해 정확하게 읽어낸다.

이러한 현상을 심리학적으로 설명한 것이 바로 '자성예언(self-fulfilling prophecy)'이다. 사회학자 로버트 머튼(Robert K. Merton)은 《신념은 현실로 드러난다, 자성예언의 힘》에서 우리가 어떤 기대를 하게 되면 기대한 것과 같은 결과가 일어난다고 했다. 이것은 학습자의 수준이나 능력이 교사가 생각하는 기대수준에 부합되어 일어나는 현상을 말한다. 예컨대 어떤 교사가 자신이 담당하는 특정 학생이 우수다고 믿으면, 그 학생의 성취도가 실제로 높게 나타나는 현상이다. 그 학생의 실제 지능이 높지 않더라도 이 관계는 성립된다.

자, 이제 이 두 가지 심리 법칙을 학교에서 가정으로 가져와보자. 학교에서 교사가 그러한 것처럼 집안에서 부모의 역할은 막중하다. 부모가 자녀를 바라보는 시각과 태도가 아이의 성장에 어떤 영향을 미치게 될 것 같은가? '당신이 자녀를 천재라고 믿으면 천재가 되고, 바보라고 믿으면 바보가 될 것이다.'

참으로 무서운 진실이다. 아이는 어른들이 믿는 대로 성장한다. 아이들의 변화속도는 어릴수록 더욱 빠르다. 어느 정도 성장해서 학교에 입학한 아이들도 빠르게 변화할 수 있지만, 유년기 가정에서는 그보다 더 빨리 변화하고, 변화의 폭도 크다는 사실을 알아야 한다. 부모의 믿음과 태도가 자녀를 바꾸는 힘은 엄청나다. 그 위대한 힘은 아이의 인생 전체를 지배할 수도 있다.

이쯤에서 자녀에 대한 당신의 신념체계를 점검해보라. '나는 지금 아이를 어떤 눈으로 바라보고 있는가?' 긍정적으로 바라보는가, 부정적으로 바라보는가? 완전한 존재로 바라보는가, 항상 부족한 존재로 보이는가? 자녀를 신뢰할 수 있는가, 믿지 못하는가? 편안한 마음으로 바라보는가 아니면 불안한 심정으로 지켜보는가? 아마 부모 대다수는 후자라고 답할 것이다. 왜 그럴까? 올바른 자녀교육에 대한 책을 많이 읽고, 이론을 알아도 왜 우리는 현실 속에서 달라지지 않을까?

그것은 자녀에 대한 집착에서 오는 걱정 때문이다. 이 집착은 부모의 보호본능일 수도 있다. 그러나 자녀에게 집착할수록 부모의 시야는 그만큼 좁아지게 된다. 시야가 좁아지면 대상을 있는 그대로 보지 못하고, 내가 원하는 대로 보게 된다. 이때 자녀가 자기 뜻대로 행동하거나 따라주지 않으면 자녀를 믿지 못한다. 자녀를 믿지 못하면 부모는 불안해지고 걱정을 하게 된다. 때로는 자녀를 원망하기도 한다. 결국 자녀에 대한 집착으로 부모는 아이를 부정적인 존재로 만들어버린다.

이러한 집착 문제를 간단하게 해결할 수 있는 방법이 있다. '한 걸음 물러서기'이다. 그저 마음으로 한 걸음 물러서는 것만으로도 아이를 객관적으로 바라보게 된다. 그리고 자신에게 '이 아이는 누구인 가?' 하고 물어보라. 부모 대부분이 이 아이는 나의 아이라고 생각하 기 쉽다. 그러나 냉정하게 생각해보라. 진정으로 이 아이는 나의 것인 가, 세상의 자식인가? 비록 부모인 내 몸을 빌려 이 세상에 나왔지만 분명 이 아이는 나의 소유물이 아니다. 이것만 인정하면 의외로 자녀 교육 문제가 쉽게 해결될 수 있다. 내 품을 떠나기 전까지 잠시 나에 게 머물면서 나의 도움을 받는 존재일 뿐이다. 가볍게 생각하라. 그러 면 아이도 편안한 마음의 자유를 얻게 될 것이다.

그러나 집착으로 인하여 자녀를 믿지 못하고 부정적으로 바라보 면, 그 결과는 부메랑처럼 고스란히 부모에게 돌아온다. 부족한 아이 를 바라보는 부모만 애가 타고, 불안하며, 화가 나는 것이다. 그만큼 자녀교육은 힘들고 고통스러울 수밖에 없다. 부모가 바라보는 대로 아이는 자란다. 당신이 진정 긍정적인 아이를 바란다면 먼저 긍정적 인 눈으로 아이를 바라보라.

자녀를 어떻게 규정할 것인가?

아이를 바라보는 눈과 함께 중요한 것이 우리의 마음이다. '우리 가 상대방을 규정하는 대로 상대방의 행동이 그렇게 변한다'는 것을 보여주는 심리법칙이 있다. 예컨대 우리가 누군가를 '저 사람은 늘 지각하는 사람이다', '저 사람은 참 예의가 바른 사람이다', '저 사람은 늘 짜증이 많다', '저 사람은 머리가 매우 총명하다'라고 정의 내리면 그는 실제로 그렇게 변해간다는 법칙이다. 이를 '레테르 효과(Letter effect)'라고 한다.

이 심리규칙은 자녀교육에도 그대로 적용된다. 그렇다면 당신은 자녀를 어떻게 규정하겠는가? 당신이 바라는 대로 규정하여 부르면 된다. 자녀가 긍정적인 사람으로 성장하길 바란다면 긍정적으로 규정하라. 제2차 세계대전에서 영국을 승리로 이끈 윈스턴 처칠은 이러한 심리효과를 적절하게 활용한 것으로 유명하다. 그는 자신이 바라는 대로 상대방을 바꾸려고 할 때 이렇게 말을 했다고 한다.

"당신은 참으로 부지런하시군요."

"당신은 늘 기분 좋게 일하는군요."

이 말을 듣는 상대방은 그의 기대를 저버리지 않기 위해 실제 그렇게 행동했다. 처칠처럼 당신도 자녀와의 관계에서 심리규칙을 활용해볼 수 있다. 당신의 바람을 긍정적인 마음으로 표현해보라.

"우리 아들은 자기 일을 알아서 잘해."

"우리 딸은 늘 긍정적으로 생각해서 보기가 참 좋아."

지금까지 진행된 이야기를 정리하면 당신이 해야 할 일이 분명해진다.

첫째, 자녀는 나의 소유물이 아니라 독립된 존재이다. 다만 스스로 날아갈 수 있을 때까지 잠시 내 품에서 도움을 받고 있을 뿐이다.

둘째, 성장에 도움을 주는 가장 확실한 방법은 아이를 긍정적으로 바라보고 믿어주는 일이다. 몸과 마음이 성장하는 아이가 부족해 보이고 불안해 보이는 것은 당연한 일이다. 그 때문에 부모가 흔들려서는 안 된다. 불안한 마음이 들 때마다 '우리 아이는 천재다. 우리 아이는 잘할 수 있다'는 말로 스스로를 위로하라. 자녀를 긍정적으로 바라보고 신뢰하라. 긍정할수록 긍정의 싹이 돋아난다. 어린 싹이 움틀 수 있도록 물을 뿌려주듯 작은 일에도 자주 칭찬을 해줘라. 그렇게 하면 긴 겨울잠에서 천재가 서서히 깨어날 것이다. 자녀교육의 가장 중요한 밑바탕은 바로 신뢰다. 당신의 자녀는 이미 천재다.

집어넣을 것인가
이끌어낼 것인가?

· · ·

새봄 그리고
침묵의 교실

    온 누리에 봄기운이 완연한 4월. 세상의 만물들은 온통 꽃 잔치로 희망을 노래한다. 그러나 우리의 교실은 긴 침묵의 봄을 맞이한다. 곧 시험이 시작된다.

    교실에는 숨 막히는 정적이 흐른다. 고등학교 중간고사시험 첫날 1교시, 시험지가 배부되고 시작종이 울린다. 드디어 시험이 시작된다. 모두가 숨죽이며 문제를 풀기 시작한다. 감독교사가 학생용 OMR카드 답안지에 서명을 마치면 대략 5분 정도 시간이 지난다. 모두가 꼿꼿한 자세로 문제를 풀고 있다. 바로 그때 교탁에서 학생들을 바라보는 감독교사의 눈에 이상한 장면이 포착된다. 한 학생이 얼굴을 묻고 엎드려 있다. 시험을 포기한 것이다. 10분이 지나자 교실 안 학생 중 3분의 1 정도가 쓰러진다. 20분이 지나자 고개를 들고 시험을 치는 학생 수는 손에 꼽을 정도로 줄어든다. 30분이 지난 시간, 열심히 시험문제를 풀고 있던 마지막 한 명마저 엎드리고 만다. 연필 굴리는 소리 하나 들리지 않는 교실은 고요하기 이를 데 없다. 감독교사만 홀로 깨어 이 적막한 교실을 지키고 있다.

아, 대한민국 청소년들이여. 일어나라!

가장 집중하고 몰입해야 할 시험시간이 이러하다. 그렇다면 평소 수업시간은 어떠하겠는가? 교사의 강의 중심으로 진행되는 수업은 예나 지금이나 크게 다르지 않다. 수업이 시작되고 조금 지나면 일부는 깊은 잠의 바다에 빠진다. 깨어있는 학생들을 가만히 살펴보면, 고개만 들고 있을 뿐 생각이 먼 곳을 향한 아이들도 있다. 이 와중에 강의를 열심히 듣는 기특한 아이들은 어떤가? 그들을 자세히 살펴보면, 일부는 수업을 듣되 가만히 앉아 아무 것도 하지 않는다. 이들은 선생님이 얼마나 강의를 잘하는가를 지켜볼 뿐이다. 소위 '공부의 구경꾼들'이다. 나머지 소수 훌륭한 아이들은 선생님의 강의를 열심히 듣고 필기를 한다. 그러나 대개 수업은 단 한 번의 질문도 없이 끝난다. 궁금한 것이 전혀 없는 아이들! 선생님의 가르침을 아무런 의문 없이 오로지 받아들이기만 하는 착한 아이들이다. 이 정신적 진공 상태의 교실에서 오늘도 많은 교사들은 혼자 최선을 다할 뿐이다.

나는 지금 이 땅의 교사로서 부끄러움과 죄책감으로 교실 현장을 솔직하게 스케치하고 있다. 시험을 포기한 아이들, 지쳐서 잠에 빠진 아이들, 흥미를 잃고 공부의 구경꾼이 된 아이들. 누구의 탓일까? 두 말할 것 없이 아이들을 가르치는 교사의 책임이다. 때문에 교육부에서는 학생참여형 수업모델을 현장에 적용시키려고 안간힘을 쓰고 있다. 그 큰 흐름의 중심에 토론수업과 과정중심평가가 있다. 그러나 교실 현장은 잘 바뀌지 않는다. 아직도 학교와 학부모는 진학 성적을 최우선 목표로 삼기 때문이다. 고등학교 성적이 인생을 좌우한다는 신념을 굳게 지키고 있다. 때문에 교사는 아직도 끊임없이 많은 양의 지식을 전달하기 위해 애쓰고 있다.

이러한 신념을 버리지 않는 이상 교실 수업은 변하기 어렵다. 물론 고등학교가 진학 성적을 중시하는 것은 당연하다. 훌륭한 학생들이 좋은 학교에 많이 진학하는 것은 바람직한 일이다. 문제는 우리나라에서 일류대학이라는 세칭 'SKY' 대학에 들어가는 아이들조차도 배움의 즐거움을 모르는 데 있다. 우수한 아이들이 명문대학교에 들어가서 계속 '받아먹는 교육'만 하다가 졸업한다. 스스로 학문적 독립을 하지 못한 채 졸업만 한다. 그러다 보니 사회에서도 여전히 피동적인 삶을 살게 된다. 교육은 아이의 정신적 성장을 위한 일인데 졸업장만 받는 일이 되고 만다. 아이들은 말없이 학교와 부모의 가르침을 따를 뿐이다. 학생이 스스로 학습의 주인이 되는 것, 자신의 꿈을 실현하는 것이 교육의 핵심이다. 우리나라에서는 왜 이러한 앎이 실천되지 않는 것일까?

배움이냐
질문이냐?

아이들이 학교를 다녀오면 부모들은 궁금하다. 특히 상급학교에 진학하거나 새 학년으로 진급하면 더욱 그렇다. 그래서 아이에게 묻는다. 우리나라 부모들은 대개 "오늘 무엇을 배웠니?" 혹은 "선생님 말씀 잘 들었니?" 하고 묻는다. 반면 이스라엘 부모들은 "오늘 선생님에게 무슨 질문을 했니?"라고 묻는다. 단순해 보이지만 우리나라와 이스라엘 부모의 자녀교육을 단적으로 보여주는 장면이다.

우리나라 부모는 아이가 학교에서 '배운 내용'이 궁금하다. 그러나 이스라엘 부모는 '아이가 무엇에 관심이 있는가?'가 더 궁금하다. 이러한 물음 속에는 부모가 아이에게 바라는 학습태도가 들어 있다. 즉 우리나라 부모는 아이가 선생님 말씀을 잘 듣는 것을 훌륭한 공부라고 생각한다. 반면 이스라엘 부모는 자신이 궁금한 것을 해결하는 것이 진정한 공부라고 생각한다. 때문에 우리 아이는 그저 선생님이 가르쳐주는 것을 잘 듣고 받아쓰는 수동적인 공부에 익숙해져간다. 반면 이스라엘 아이는 자신이 준비한 질문으로 의견을 제시하고 수업에 적극적으로 참여하는 것을 좋아한다. 부모의 관심사에 따라 아이가 달라지는 것이다.

수업을 마치고 나면 어떤 아이가 더 행복할까? 오늘 배운 것을 잔뜩 넣은 채 복습할 겨를도 없이 또다시 학원으로 달려가는 아이가 즐거울까? 아니면 자기가 궁금한 것을 학교에서 해결하고 스스로 작은 깨우침을 얻은 아이가 행복할까? 어떤 아이가 내일 아침 학교로 달려가고 싶어 할까? 두 나라 아이들의 모습은 매우 대조적이다. 이러한 대조적인 모습은 엄청난 결과의 차이를 불러온다. 학습은 즐거울 때 가장 효과적이다. 공부하는 것이 즐거운 아이에게는 성적은 뒷전이다. 자신이 좋아하는 것을 하다 보면 성적은 저절로 뒤따라오는 것이다. 성적은 하나의 작은 보상에 불과하다. 이 사실을 이스라엘은 입증하고 있다. 이 나라는 해마다 각 학문 분야의 천재들에게 수여하는 노벨상수상자를 쏟아내고 있다. 언론과의 인터뷰에서 이들은 늘 한결같이 말한다.

"그냥 내가 좋아하는 일에 몰입할 뿐이에요."

반면 우리나라 아이들은 공부의 즐거움을 잘 모른다. 나는 학교에서 이 점이 제일 안타깝다. 우리 교사들의 잘못이 가장 크다. 배움의 즐거움을 알게 하는 것이 진정한 교육의 목표가 되어야 한다. 그런데 아직도 우리는 입시성적을 더 중심에 두고 있다. 좋은 성적만을 쫓아서 공부하는 아이에게는 성적은 더 멀리 달아나게 된다. 이런 아이는 공부는 열심히 하지만 생각만큼 성적이 나오질 않는다. 아이는 공부하는 것이 부담스럽고 갈수록 심리적으로 불안해질 수밖에 없다. 이럴 때 좌절이 생긴다. '아 나는 해도 안 되는구나.' 우리나라 아이들이 유독 성적을 비관하여 자살이 많은 것도 바로 이런 이유이다. 단순히 성적이 나빠서 자살하는 것이 아니라 더 이상 희망이 없다는 좌절감 때문이다.

두 나라 아이들의 학습 태도가 이토록 다른 이유는 무엇일까? 바로 부모들의 생각이다. '부모가 아이에게 무엇을 바라는가? 부모가 무엇을 중시하는가?' 이처럼 부모의 바람과 태도, 가치관이 차이를 낳는다. 아이에게 공부 잘하기를 바라는 것은 어느 나라 부모나 똑같다. 그러나 문제는 방법이다. 아이의 성적에 연연하기보다 노력하는 모습에 의미를 찾고 기뻐하라. 먼저 아이가 무엇을 좋아하는지를 알려고 노력해보라. 그리고 아이가 무엇을 잘하는지를 잘 관찰하여 아이의 장점을 찾아보라. 아이의 장점에 집중하고 작은 성취에도 마음껏 칭찬하라. 그러면 세계에서 가장 똑똑한 두뇌를 가진 우리 아이들은 공부를 가장 즐거운 일로 삼을 것이다. 이것이 가정교육혁명이다. 가정교육혁명은 곧 학교교육혁명의 모태가 된다.

다시 우리나라 부모들의 질문으로 돌아가보자. "오늘 무엇을 배웠니?" 혹은 "선생님 말씀 잘 들었니?"의 물음을 가만히 살펴보자. 이 물음에는 부모가 궁금한 것이 무엇인지 잘 드러난다. 우선 아이가 학교에서 배운 것을 제대로 이해했는지 궁금하다. 다음으로 선생님 말씀을 놓치지 않고 잘 들었는지가 궁금하다. 이 두 가지 궁금함 속에는 부모가 학교교육에서 기대하는 바가 잘 나타나 있다. 학교는 아이들에게 많은 것을 가르쳐주기를 바라는 것이다. 선생님은 학생들에게 열심히 가르치고, 아이들은 그것을 잘 익혀서 내 것으로 만드는 것을 배움으로 여기는 것이다. 그래서 아직도 많은 부모들은 학교에서 돌아온 아이에게 이런 질문을 던질지 모른다. 교사는 가르치고 학생들이 받아먹는 교육을 '주입식 교육'이라고 부른다. 아직도 우리 부모는 이런 교육을 바라고 있는 것이다.

인공지능시대에 무엇이 필요한가?

현재의 부모들이 학교를 다닌 것은 30~40년 전일 것이다. 잘 알다시피 해방 이후 우리나라 교육목표는 '전 국민의 문맹률 제로'였다. 한글을 깨쳐서 읽고 쓸 수 있도록 하는 것이 학교의 주된 역할이었다. 그 다음은 산업사회에서 대량생산에 필요한 인재를 양성하기 위해 지식정보를 제공하는 것이었다. 이러한 목표를 달성하기 위한 가장 효율적인 교육은 바로 주입식 교육이었다. 일사천리로 엄청난 정보를 제공하는 것이 학교의 가장 큰 역할이던 시절이다. 그 결과 주입식 교육은 가장 짧은 시간에 문맹률 제로라는 기적을 낳았다. 뿐만 아니라 대한민국은 대량 생산으로 급성장하여 세계 경제대국 10위권에 이르게 된 것이다. 이른바 '한강의 기적'이다.

그러나 시대는 변했다. 지금은 21세기이다. 부모들이 학교를 다니던 20세기 후반이 아니다. 무엇이 가장 많이 변했을까? 사회 환경이다. 이미 대한민국은 생활에 필요한 상품이 넘쳐나는 사회가 되었다. 동네마다 들어선 대형마트에 가보라. 진열대에 놓인 상품들은 이미 포화상태에 있다. 그러나 일반마트보다 더 다양하고 값싼 곳이 바로 인터넷 마켓이다. 이제 사람들은 양보다 질을 선택한다. 다양한 상품들 속에서 자신의 취향에 가장 알맞은 것을 고른다. 예컨대 예전에는 양치를 할 때 치약과 칫솔만 있으면 된다. 그러나 지금은 그것이 아니다. 칫솔 중에서도 자신의 치아에 알맞은 솔을 선택한다. 일반 칫솔에는 부드러운 솔, 중간 솔, 거친 솔, 잇몸을 자극하는 솔 등이 있다. 전동 칫솔, 음파 칫솔, 초음파 칫솔, 치간 칫솔 등 이루 말할 수 없이 다양하다. 치약의 종류도 마찬가지다.

이제는 다양하고 독특한 것을 요구하는 시대이다. 많은 양보다는 품질을 중시하는 사회이다. 우리의 교육도 그렇게 변해야 살아남는다. 그러나 아직도 많은 부모들은 학습의 양에 집착한다. 학교수업이 부족하여 학원으로, 과외로 엄청난 시간과 돈을 투자하고 있다. 천편일률적인 학습내용을 빠르게 전달하는 교육으로는 평범한 인재를 대량 생산할 뿐이다. 그 결과는 혹독하다. 개성 없는 똑같은 인재들이 아무리 많이 쏟아져 나와도 산업현장에는 쓸모가 없다. 부모들의 생각을 바꾸지 않는 한, 앞으로 청년들의 대량 실업사태는 계속될 수도 있다.

지금 우리가 사는 사회는 급변하고 있다. 인류에게 어마어마한 변화가 몰려오고 있다. 과거의 기준으로 바라보면 감당이 되지 않는다. 《세계미래보고서 2055》는 그 변화를 잘 보여준다. 컴퓨터와 인터넷으로 시작된 제3차 산업혁명시대는 거의 끝나가고 있다. 그리고 인공지능으로 시작한 제4차 산업혁명이 엄청난 변화를 예고하고 있다. 우리 사회는 바야흐로 인공지능시대에 진입했다. 지금까지 진행되어온 속도와는 비교되지 않을 정도로 사회는 급변한다. 인공일반지능, 유전자 편집기술, 뇌 임플란트, 바이오 4D 프린팅, 블록체인 등 첨단 기술이 보편화되어 미래의 세상은 엄청난 변화가 일어난다. 이러한 기술의 영향으로 2055년의 사회 구조와 풍경, 일자리의 종류, 가족 및 생활상이 많이 바뀌게 된다.

그중에서도 우리를 가장 놀라게 하는 것은 '디자이너 베이비'의 탄생이다. 인간의 유전자를 마음대로 편집할 수 있는 기술이 개발되어 우리가 원하는 맞춤아기를 만들 수 있다. 그 기술이 '인간 게놈(genome) 편집술'이다. 이것을 가능케 한 것은 DNA를 변형하는 도구인 '크리스퍼/카스9'의 개발이다. 크리스퍼 기술은 이미 생물학자들에 의해 유전자를 변형하는 도구로 널리 사용되고 있다. 결혼한 커플들은 자신들이 원하는 시기에 건강한 아이를 낳을 수 있게 된다. 생식력이 최고조일 때 부부의 난자와 정자를 냉동 보존한다. 부부가 원하는 시기에 난자와 정자를 해동한다. 모체의 외부에서 난자와 정자를 결합하여 배아를 형성한다. 배아를 자궁에 착상하기 전에 유전자를 선별하여 기형을 배제한다. 가장 건강한 배아를 모체의 자궁에 착상하여 원하는 아이를 갖는다. 이제 인간은 자신의 생명조차도 마음대로 조작할 수 있는 시대에 접근해 있다.

이런 변화의 시대에 우리에게 필요한 교육은 어떤 것인가? 한마디로 수많은 정보들을 지혜롭게 선택하고 창의적으로 이용할 수 있는 사람을 기르는 것이다. 더 이상 많은 양의 정보를 내 안에 집적하는 시대가 아니다. 내가 굳이 저장하지 않아도 이미 공개된 정보가 넘쳐난다. 지금은 집에 가만히 앉아서도 세계 명문대학교의 강의를 무료로 들을 수 있는 시대다. 선생님 말씀을 한 마디라도 더 들으려고 했던 시대는 정보가 제한되어 있던 때다. 이제는 선택과 집중이 필요한 시대다. 무조건 많이 배우는 것이 능사가 아니다. 내가 잘할 수 있는 것을 먼저 선택하는 것이 중요하다. 나의 장점에 집중하는 것이다. 그래야 무슨 일을 하든지 즐겁게 할 수 있다. 즐거우면 저절로 생산력도 높아진다. 많이 배우는 것보다 내가 궁금한 것을 아는 것이 필요한 시대다.

무엇이 참된
자녀교육인가?

●

●

당신은 어떤 아이를
바라는가?

"선생님, 우리 아이 어떤가요?"

새 학기 초, 담임을 찾아온 학부모가 던지는 질문이다. 부모가 가장 궁금해하는 것은 무엇일까? 좀 고상하게 말하면 아이의 성장발달이다. 노골적으로 표현하면 아이의 현재 학업성적이다. 그리고 어떻게 성적을 올릴 수 있을까 하는 것이다. 부모로서 당연히 궁금한 것들이다. 이러한 적극적 물음이 지난 60년간 우리나라를 이만큼 경제적으로 발전시켜온 것이 사실이다. 부모들의 열성이 자식들로 하여금 많은 지식과 정보를 습득할 기회를 제공했다. 그 결과 자식들은 산업역군으로 성장하여 오늘날의 부를 얻었다. 정말로 우리의 부모들은 자녀를 위해서 기꺼이 자신의 인생을 희생한다. 참으로 아름다운 모습이다.

하지만 우리가 이렇게 빨리 달려오는 사이 잃은 것도 있다. 그것은 현재 대한민국이 앓고 있는 문제로 드러나고 있다. 많은 아이들이 아직도 성적의 굴레 속에서 정신적 스트레스로 매우 힘들어한다. 가장 안타까운 것은 대한민국 학생들 중 공부를 즐거워하는 학생을 찾아보기가 어렵다는 점이다. 이러한 사실을 단적으로 보여주는 것이 바로 '교과서 버리기'이다.

해마다 수능시험이 끝나기 무섭게 수험생들은 지금까지 사용하던 교과서와 참고서를 일제히 버린다. 높은 교실에서 책들을 갈가리 찢어 눈처럼 날려버린다. 마치 책에게 분풀이하듯이. 이러한 행동은 아이들에게 책과 공부가 어떤 의미인지를 잘 보여준다. 이들의 마음속에 공부는 원수와도 같은 존재이다. 더 이상 꼴도 보기 싫은 책과의 이별이다. 대한민국은 '하늘에서 교과서를 펄펄 날리는 나라'이다.

교사의 입장에서 이러한 장면을 지켜보고 있노라면 마음이 처참하게 무너져 내린다. 땅바닥에 떨어진 교과서는 마치 추락된 교권으로 느껴진다. '나는 과연 아이들에게 무엇을 가르쳤나' 하는 자괴감에 빠져든다. 이 땅에 학문의 즐거움은 어디로 갔는가? 왜 아이들은 공부와 원수가 되어버렸나? 정녕 이 아이들이 배운 것은 무엇일까? 공부의 목적이 오직 수능시험을 위해 존재하는 나라에서 교사의 상처 또한 깊어진다. 아직도 대학입시만을 위해 달리는 우리나라 고등교육의 아픈 현실이다. 공부를 위해 아이들과 교사가 학교를 오는데 오히려 공부로 인해 서로 상처받는다는 것은 참으로 아이러니한 일이다. 배움의 즐거움으로 행복해하는 아이들이 점점 사라지고 있다.

우리가 잃어버린 것은 공부만이 아니다. 바로 아이들의 선한 심성이다. 전반적으로 아이들의 인성이 갈수록 나빠지고 있다. 여러 원인이 있겠지만 가장 큰 원인은 가정교육의 부재라 할 수 있다. 우리 부모들은 너무도 바빠 아이들을 돌볼 겨를이 없다. 결국 아이들의 양육은 모두 남의 손에 맡겨진다. 많은 아이들이 부모와 따뜻한 유대감을 느끼고 예절과 인성을 배울 기회를 박탈당한다. 이러한 아이들은 가정을 벗어나 학교라는 사회에서 문제를 드러낸다. 성적경쟁으로 심리가 불안해지고, 자기를 우선 보호하기 위해 이기적인 모습을 보인다. 자기 뜻대로 되지 않으면 작은 일에도 분노하고, 자주 짜증을 낸다. 이런 아이들은 친구관계가 원만하지 못하다. 어울리지 못하고 따돌림을 당하면 공격적으로 변하고 욕설을 내뱉고 폭력을 행사한다. 폭력의 대상은 친구와 형제 심지어 부모로까지 확대되기도 한다.

지금까지 우리는 많은 학습량을 추구하여 큰 부를 얻었다. 그 대가로 극심한 경쟁 속에서 아이의 즐거운 공부가 사라지고 아이들의 선한 심성을 잃어버렸다. 자존감은 떨어지고 스트레스지수는 높아만 간다. 나아가 가족 간의 따뜻한 유대감마저 위협받고 있다. 이러한 상황을 인식하고 이제 우리 부모가 담임교사를 만날 때 던지는 질문이 바뀌었으면 좋겠다.

"선생님, 아이의 아픔을 어떻게 치유할 수 있을까요?"

"진정으로 아이의 성장을 돕는 일은 무엇일까요?"

자녀교육혁명을 위하여

우리가 진정으로 바라는 것은 바로 아이들의 행복이어야 한다. 더이상 부모의 계획대로 아이가 성장하기를 바라지 마라. 부모가 이끄는 대로 자녀가 따라온 교육의 장단점을 우리는 충분히 살펴보았다. 앞으로 대한민국의 자녀교육은 놓아주는 것이어야 한다. 아이를 믿고 지켜봐주는 것이어야 한다. 물론 많이 불안할 것이다. 자녀교육혁명은 부모가 스스로 그 불안을 이겨내는 것에서 출발한다. 아이들은 믿는 만큼 성장한다. 다만 아이들의 서툰 걸음에도 칭찬하고 격려하라. 그것만으로도 충분하다.

몸과 마음이 지쳐 있는 청소년들이 활짝 깨어나 마음껏 기상을 펼치는 모습을 보고 싶다. 아이들의 꿈과 끼는 참으로 다양하다. 우리 청소년들이 오늘날 불행한 것은 그것을 마음껏 발산할 기회가 없다는 사실이다. 스스로 천재성을 발현할 수 없는 환경에 놓여 있기 때문이다. 아이러니하게도 자녀의 교육을 도우려는 수많은 부모들의 노력이 오히려 자녀의 성장과 천재성을 가로막고 있다. 이제부터 '자녀의 천재성 발현을 위해 부모가 무엇을 할 것인가'를 함께 살펴보면 참 좋겠다.

생각이 바뀌면
삶이 바뀐다

·
·

🦋아이를 낳지 않으려는
　　이유

　　OECD국가 중 출산율이 가장 낮은 나라가 대한민국이다. 우리나라 사람들은 가능한 한 아이를 낳지 않으려 한다. 그 이유를 잠깐 들여다보자. 가장 큰 이유로 경제적 이유를 든다. 그중에서도 자녀의 교육비가 가장 부담스럽다고 한다. 집세와 생활비를 포함한 자녀양육비는 늘어나지만 정부의 경제적 지원이 적다는 것이다. 그다음으로 일과 자녀양육을 동시에 하는 것이 어렵다는 이유를 든다. 세 번째 이유로 자녀에게 얽매이는 삶이 싫다고 한다. 한마디로 아이 키우기 힘든 나라에 산다는 뜻이다. 자녀를 출산하지 않으려는 사람 대다수가 자녀양육에 대한 경제적 부담을 가장 큰 요인으로 보고 있다.

이러한 출산율 저하의 원인들을 살펴보면, 우리 사회가 '아이를 어떻게 바라보고 있는가'를 알 수 있다. 그 속에는 부모들이 자녀를 바라보는 시각도 담겨있다. 한마디로 장차 태어날 아이를 '무거운 짐'으로 생각하는 것이다. 아이가 태어나기도 전에 부모들은 자녀를 부정적인 존재로 바라보고 있다. 그러면 아이는 삶을 힘들게 하고 방해하는 존재가 된다. 우리 내면에는 아이 없이도 얼마든지 인생을 즐겁게 살 수 있다는 생각이 자리 잡고 있는지 모른다.

불과 한 세대 전만 해도 우리나라의 부모들은 자식을 잘 키워 집안의 부와 명예를 얻으려 했다. 그래서 잘 키운 자식은 부모들의 '노후보장보험'이 될 수 있었다. 그런데 지금은 아이를 대학까지 졸업시키려면 예전보다 훨씬 많은 돈이 든다. 엄청난 돈을 들여서 키워도 노후를 책임진다는 보장도 없다. 여기다가 자식들에게 의존하지 않아도 될 만큼 경제력을 갖춘 부모들도 많아지고 있다. 경제적으로도 여유롭고 취미생활을 누릴 수 있는데, 자녀 때문에 자신의 삶을 희생하고 싶지 않을 수도 있다.

아이를 바라보는 부모의 마음

한편 출산에서 우리와 큰 대조를 이루는 나라가 있다. 바로 이스라엘이다. 이 나라에는 낙태가 없다. 왜 그럴까? 모든 엄마들의 마음이 구세주를 기다리기 때문이다. 잘 알다시피 이스라엘 사람들은 유대교를 믿는다. 그들에게 메시아는 아직 오지 않았다. 앞으로 세상을 구원할 메시아가 올 것을 기다리고 있다. 이스라엘 산모는 자신의 몸에서 태어날 아기가 바로 메시아일 수도 있다고 믿는다. 만일 당신이 산모가 되어 이런 마음으로 아이를 기다린다면 어떠할까? 이런 상황이라면 우리도 낙태라는 개념 자체가 없을 수도 있다. 2014년 기준으로 OECD 34개 회원국들의 출산율을 보면 이스라엘이 3.08명으로 1위다. 반면 우리나라는 1.21명밖에 되지 않는다.

바로 이것이다. 부모가 아이를 어떻게 바라보느냐에 달렸다. 이스라엘과 한국의 출산율 차이는 본질적으로 여기서 나온다. 아이를 세상에 둘도 없는 존재로 보느냐, 하나의 짐 덩어리로 보느냐. 아이를 얼마나 간절히 원하느냐, 아니면 하나의 의무처럼 생각하느냐. 아이를 낳고 안 낳고는 바로 부모의 마음에 달린 것이다. 우리나라도 출산율이 6.0명이었던 다산의 시대(1960년대)가 있었다. 그 당시 부모는 적어도 아이를 귀찮은 존재로 생각하지 않았다. 아이는 분명 가정에, 나라에 도움이 될 것이라는 믿음이 있었다.

부모의 마음은 아이에게 고스란히 전달된다. 어느 나라든 아기를 가지면 그때부터 태교를 한다. 그러나 진정한 태교는 아기를 갖기 이전부터 시작된다. 아기를 잉태하기 전에 부모가 어떤 마음을 가지는가가 중요하다. 전성수 교수는《유대인 엄마처럼》에서 이스라엘 엄마들의 태교에 대해 이렇게 이야기한다.

유대인들은 결혼을 매우 신성시한다. 자녀도 하나님의 선물이라고 생각한다. 그래서 임신을 매우 성결하게 맞으려고 전통 절차에 따라 노력한다. 결혼은 1년 이상 준비한다. 우리처럼 결혼식은 철저하게 준비하면서 정작 중요한 결혼은 준비하지 않고 하는 것이 아니다. 그들은 결혼식보다는 결혼을 철저하게 준비한다. 남편이 되고 아내가 되는 훈련을 받는 것이다. 아버지가 되고 어머니가 되는 교육을 받는다.

유대인 엄마에게 왜 아이를 많이 낳느냐고 물어보면 자신의 삶에 즐거움을 더하기 위해서라고 한다. 유대인들은 아이를 키우는 것이 이 세상에서 경험할 수 있는 가장 큰 축복이라고 생각한다. 아이는 하나님의 선물이라고 생각한다.

나는 이 대목에서 많은 감동을 받았다. 만일 우리나라의 모든 부모들이 아이를 '하늘에서 내려주신 선물'이라고 생각하면 우리 사회는 어떻게 달라질까? 아이를 경제적으로 부담스러운 존재로 생각하는 것과 많은 차이가 있을 것이다. 우선 아이를 가진 엄마가 가장 행복할 것 같다. 행복한 엄마는 뱃속의 아이마저 행복하게 할 것이다. 이보다 더 좋은 태교가 어디 있는가? 그러나 아기를 갖기 전 엄마의 마음이 아이의 장래에 대한 근심걱정으로 가득하다면, 아무리 좋은 태교를 한들 무슨 소용이 있겠는가? 어떤 나라는 육아를 세상에서 경험하는 가장 큰 축복이라고 생각하고, 또 어떤 나라는 아이 키우는 것을 엄청난 부담으로 생각한다. 이 차이는 바로 부모의 생각에서 비롯된다.

이스라엘 사람들이 자녀를 얻기 위해 쏟는 정성을 보면 감동이 절로 나온다. 소중한 생명을 얻으려면 부모가 될 사람은 몸과 마음을 정결하게 해야 한다. 그래서 이스라엘 부모는 임신도 계획적으로 한다. 이들은 수천 년 동안 타이밍 임신법 '닛다'로 임신과 태교를 해왔다. 그들의 임신과정은 참 재미있으면서도 유익하다.《유대인 엄마처럼》에서 저자는 이렇게 설명한다.

닛다 임신법을 요약하면 5일간의 생리(Niddah) 기간과 그 이후 7일간의 정결기간 동안 금욕을 하고, 배란이 시작되는 7일째 밤에 목욕을 한 후에 부부관계를 갖도록 랍비가 지도한다. 이것은 난자와 정자가 가장 왕성할 때에 수정이 되도록 하는 것이다. 여성의 배란일은 다음 생리 시작일로부터 14일 정도 전이다. 생리주기가 28일인 경우, 생리기간 7일과 금욕기간 7일을 더하면 14일이 된다. 여성이 배란하는 시기와 거의 일치하는 것이다. 아내의 생리가 시작되면 5일간 금욕을 하고 생리가 끝난 뒤에도 7일간은 동침하지 않는다. 토라에서는 아내가 생리기간일 때 성생활 하는 것을 엄격하게 금하고 있다. 금욕이 끝나는 날은 계산상으로 배란 하루나 이틀 전이어서 임신 확률이 높다. 성숙한 난자는 한 달에

한 개씩 만들어지고, 그 생존시간이 24시간밖에 되지 않는다.

참 지혜롭다. 가장 건강하고 똑똑한 유전자를 가진 아이를 얻고자 하는 부모들의 지혜이다. 일정한 금욕기간을 둔 다음 배란이 시작되는 시점에 부부가 몸과 마음을 깨끗이 하고 부부관계를 갖는 것은 한 생명에 대한 존중이자 예의이다. 이것이 결혼을 준비하는 부부의 마음이다.

이스라엘의 결혼문화 또한 우리에게 많은 것을 시사한다. '결혼' 준비냐 '결혼식' 준비냐? 우리의 결혼문화는 결혼식 준비에 초점을 둔다. 하루 한 시간에 끝나는 결혼식 준비에 모든 에너지를 쏟는다. 조금 더 확장하면 신혼여행 준비나 돌아와서 살아갈 살 신혼집을 준비하는 데 집중한다. 준비과정에서 양가 집안 사이에 갈등이 일어나기도 한다. 그러나 정작 부부는 한 아이의 부모가 될 준비를 하지 못한다. 그러한 교육을 받은 적도 없다. 부모가 될 준비가 없이 결혼만 하여 덜컥 아이를 낳게 된다. 당연히 많은 시행착오를 겪을 수밖에 없다. 반면 이스라엘은 1년 전부터 철저하게 부모가 될 준비를 한다.

봄은
그냥 오지 않는다

봄의 기운이 만연한 4월에 가까운 교외로 나가보라. 발길 닿는 곳마다 새싹이 돋고 눈길 돌리는 곳마다 봄꽃이 우리를 반긴다. 하늘에는 종달새가 높이 날고, 숲속에도 두런두런 생명들이 깨어난다. 따스한 햇살 아래 봄바람이 가벼이 지나가면 온 천지에 봄 향기가 널리 퍼진다. 그 한가운데 가만히 몸을 맡기고 크게 쉼 호흡하며 서 있어보라. 순간 봄 햇살, 가벼운 바람, 꽃향기가 전해주는 생명의 에너지로 흠뻑 젖게 될 것이다. 당신은 몸에서 새싹이 돋아나는 느낌을 받을 것이다. 말없이 세포들이 깨어나는 것이다. 자연과 당신은 둘이 아님을 실감할 것이다.

봄은 생명의 계절이다. 도대체 이 수많은 생명들은 어디서 오는가? 꽁꽁 얼어붙은 겨울에는 생명의 숨소리를 그 어디서도 들을 수 없다. 그래서 사람들은 겨울을 죽음의 계절이라 부르고, 봄을 생명의 계절로 생각한다. 봄과 겨울이 다르고, 생명과 죽음을 둘로 보는 것이다.

실제로 그럴까? 만일 겨울이 온전한 죽음이라면 봄에 새 생명이 태어날 수 있을까? 분명코 아니다. 겨울도 생명이고 봄도 생명이다. 사람들은 겉으로 드러난 모습만 보고 말할 뿐이다. 우리는 눈으로 보는 것만 믿는 경향이 있다. 그래서 겨울나무의 빈 가지에서 생명을 보지 못한다. 그 앙상한 가지에 생명이 없는 것이 아니다.

긴 겨울은 봄을 말없이 잉태하고 있었다. 겨울은 생명의 씨앗을 소중하게 품고 있었다. 그 겨울의 씨앗이 봄을 만나 활짝 깨어난 것이다. 결국 봄과 겨울은 하나의 생명이다. 이렇듯 눈에 보이지 않는 것을 볼 수 있으면 우리의 마음도 비로소 깨어날 수 있다. 마음의 눈을 떠야 한다. 마음의 눈을 뜨면 자신의 내면에 깊이 잠들어 있는 천재를 볼 것이다. 그렇게 되면 비로소 이 땅에도 천재가 깨어날 것이다. 당신에게도 봄이 오는 것이다.

겨울과 봄은 하나다. 다만 생명을 표현하는 방식이 서로 다를 뿐이다. 겨울은 생명의 씨앗이고, 봄은 생명의 발현이다. 생명의 씨앗도 적절한 조건이 되어야 깨어날 수 있다. 얼어붙은 땅 위에 따스한 햇살이 퍼지고, 봄비가 내려 대지를 적셔야 새싹을 내밀 수가 있다. 마치 우리 내면의 천재도 이와 같다. 겨울은 천재의 씨앗이고, 봄은 천재의 발현이다. 지금 우리의 천재는 긴 겨울을 보내고 있다. 겉으로 드러나지 않는다고 천재가 없는 것이 아니다. 천재는 우리의 생명이다. 다만 우리는 눈으로 보지 못하여 믿지 못할 뿐이다. 마찬가지로 천재와 범재는 하나다. 생명을 표현하는 서로 다른 방식일 뿐이다.

침묵의 봄 앞에서는 생명이 깨어날 수가 없다. 아무리 이 땅이 생명을 품고 있다 한들 따뜻한 태양이 내려쬐지 않으면 그저 긴 겨울일 뿐이다. 또한 봄이 온다 해도 이 땅에 풀 한 포기 돋아나지 않는다면 무슨 소용인가? 새싹이 돋아나야 그 위에서 꽃이 피어날 수 있다. 지금 대한민국은 경제적 침체, 저출산 고령화, 극심한 빈부 차이, 사교

122

육 광풍, 공부와 원수가 된 아이들, 세상을 떠나는 아이들, 청년실업 등으로 꽁꽁 얼어붙어 있다. 추운 겨울 속에 봄 햇살을 애타게 기다리는 닭장 속의 닭들처럼 국민들의 마음은 한껏 움츠려 있다. 우리는 지금 긴 마음의 겨울을 나고 있다.

마음의 봄은 그냥 오지 않는다. 무엇이 우리에게 봄을 가져다줄 수 있을까? 생각을 전환하여 천재를 깨워야 한다. 그것은 절망을 희망으로 바꾸는 의식혁명이다. 지금 우리의 마음에 필요한 것은 따뜻한 햇살과 봄비이다. 그것은 생각을 바꾸는 것이다. 지금 우리에게 필요한 것은 새 생명을 얻는 것이다. 이 땅에 아이들은 태어나야 한다. 집집마다 갓 태어난 아이들 울음소리가 들리고 가족들의 웃음소리가 들려야 비로소 봄을 맞은 가정이다. 얼어붙은 한반도에 봄을 재촉하려면 우리 내면의 천재를 깨워야 한다. 이 글이 우리 마음의 침묵을 깨트리는 봄비가 되고, 봄 햇살이 되면 좋겠다. 우리의 마음에 단비가 되어 조용히 새싹들이 돋아나기를 기대한다.

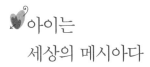

아이는 세상의 메시아다

이 땅에 아무리 찬란한 봄이 와도 풀 한 포기 돋아나지 않는다면 봄이 무슨 소용 있겠는가? 우리의 인생이 아무리 화려해도 골목에 아이 한 명 뛰어놓지 않으면 무슨 희망이 있겠는가? 아무리 바보 같은 아이라도 존재 그 자체로 위대하다. 아이는 봄날에 돋아나는 새싹이며, 생명이며, 인류의 희망이다. 지금 우리에게 아이는 대한민국의 미래다. 아이가 세상을 구원하는 메시아다. 우리 부모들의 의식이 이렇게 바뀌면 대한민국은 다시 깨어날 것이다. 생각을 바꿔야 아이들이 태어난다.

이제 우리는 알고 있다. 모든 것은 마음의 작용이다. 아이를 낳지 않으려는 궁극적인 이유는 우리의 마음 때문이라는 것을 안다. 그 마음만 바꾸면 부모와 자녀의 인생이 바뀐다는 사실도 안다. 우리의 행복과 불행이 모두 우리 마음에 달렸다는 것도 안다. 이스라엘에서 해마다 천재가 많이 태어나는 이유도 부모의 정결한 마음 때문이라는 것을 안다. 그리고 부모의 마음이 자녀의 마음이 된다는 것도 안다. 마치 몸으로 부모의 유전정보가 전달되듯이 우리의 마음정보도 미립자를 통해 자녀에게 전달된다는 것을 안다. 모든 것은 마음에 달린 문제다. 이 마음을 바꿀 때 우리의 세상은 바뀐다.

당신은 지금 어떤 마음으로 자녀를 바라보는가? 당신에게 아이는 메시아인가 방해꾼인가? 당신의 아이는 천재인가 둔재인가? 당신이 믿는 대로 아이는 성장할 것이다.

3

천재는 무엇으로
성장하는가?

"만일 우리가 거인의 어깨 위에 올라선다면
더 멀리까지 볼 수 있을 것이다."

– 아이작 뉴턴(Isaac Newton) –

데미안처럼
알에서 깨어나라

내 안의 거인을
깨워라

　내 안에는 또 다른 '나'가 있다. 성장하려는 자는 현재의 나를 부정해야 한다. 그것은 마치 알에서 깨어나는 것과 같다. 자기의 세계를 깨트려야 한다. 그래야 더 큰 세계로 날아갈 수 있다. 그것이 바로 정신적 부활이다.

　새는 투쟁하여 알에서 깨어난다. 알은 세계이다. 태어나려는 자는 하나의 세계를 깨뜨려야 한다. 새는 신에게로 날아간다. 신의 이름은 아브락사스.

어디서 한번쯤 보았던 기억이 있을 것이다. 헤르만 헤세의 소설 《데미안(Demian)》이다. 내적 자아를 찾아 떠나는 한 청년의 성장을 그린 소설이다. 이 대목은 선과 악이라는 두 세계 사이에서 고민하는 친구 싱클레어에게 데미안이 보낸 편지의 한 구절이다. 이 소설은 진정한 '자기 자신에 이르는 길'을 탐색하고 있다.

한 마리의 새가 높이 하늘을 날려면 먼저 알에서 깨어나야 한다. 알에서 깨어난다는 것은 자기를 둘러싸고 있는 세계를 깨트린다는 의미다. 내부에서는 깨어나려고 마지막 순간까지 투쟁해야 한다. 그 투쟁의 마지막 순간에 알을 품던 어미 새가 밖에서 톡 하고 쪼아준다. 그렇게 해서 마침내 새에게는 새 세상이 열린다. 이른바 줄탁동시(啐啄同時)이다.

사람도 마찬가지다. 세상을 좀 더 멀리, 크게 보고 원대하게 살아가려는 자는 알에서 깨어나야 한다. 여기서 '알'은 자기가 태어나서 만든 작은 세계이다. 자기 세계는 자신을 보호하기도 하지만 때로는 자기를 가두는 감옥이 될 수 있다. 알에서 깨어나려는 자는 자기 세계를 초월하려는 자다. 본래의 자기를 찾아서 높이 날아오르는 새와 같다.

초월 의지를 가진 자는 반드시 자기 세계를 넘어서야 한다. 그 새는 날아서 어디로 가는가? 데미안이 가리키는 바로 신의 품속으로 날아간다. 왜? 신의 품이 자신의 본고향이니까. 자신의 본성을 찾는 것이다. 우리가 천재라고 부르는 사람은 바로 이런 사람이다. '천재는 자신의 본성을 찾아 높이 나는 한 마리의 새다.' 이 땅의 청년들이여, 당신의 본성은 원래 천재다. 모두가 자신의 거인을 찾아 높이 비상해 보라.

요즘 아이들은 시각적인 것을 좋아한다. 그래서 모든 것을 시각정보로 인식하려 한다. 따라서 눈으로 드러난 것만 믿는 경향이 있다. 반면 보이지 않는 내면의 것은 존재하지 않는다고 생각하기 쉽다. 그러나 그것은 사실이 아니다. 믿든 안 믿든 우리 안에는 모든 생명체를 살아 숨 쉬게 하는 근원적인 것이 있다. 과학자들은 그것을 '순수 에너지'라고 한다. 그것은 마치 눈으로는 볼 수 없는 우주와 같다. 마치 공기처럼, 햇빛처럼, 바람처럼 보이지 않지만 존재한다. 나를 실제로 살리는 것은 이런 보이지 않는 존재들이다.

내 안에 있는 '또 다른 나'를 발견하는 것은 새로운 존재와의 만남이다. 우리는 어떻게 내 안의 나를 발견할 수 있을까? 간단하다. 자기 세계를 깨트리면 된다. 그것은 두 가지 방식으로 가능하다. 현재의 나를 멀리 떨어져서 객관적으로 관찰하거나, 아니면 아예 현재의 나를 마음으로 제거하여 또 다른 내가 저절로 드러나게 하면 된다. 어쨌건 또 다른 나를 만나려면 현재의 나를 삭제하거나 멀찌감치 밀어놓아야 한다. 이것은 내 마음세계를 깨트리는 것이다. 이때 드러나는 나를 본래의 '나'라고 한다. 이것이 나의 본래 성품인 '본성'이다. 작은 내가 없어지면 본래의 '나'가 드러난다. 그 존재가 바로 '위대한 거인'이다.

내 안의 거인을 만나는 것은 결국 본성을 회복하는 일이다. 곧 나와 거인이 하나가 되는 것이다. 비로소 작은 내가 큰 나를 만나는 것이다. 나는 본래 천재이고 거인이었다. 이것을 몰랐을 뿐이다. 그것을 가린 것은 내가 만든 작은 세계, 즉 딱딱한 알 껍질 때문이었다. 깨달음이라는 것은 내가 가진 세계를 깨트리는 것이다. 그것은 알에서 깨어나는 것이다. 데미안은 이것을 "알에서 깨어나 신에게로 날아간다"고 했다. 여기까지 이해를 했다면 당신은 매우 훌륭하다. 이제는 아주 쉽게 정신세계를 이해할 수 있는 시대가 왔다. 누구나 다 본성으로 돌아가서 행복하게 살 수 있는 시대다. 이것이 본성회복교육이고 전인교육이다.

단숨에 너무 높이 날았나? 잠시 고도를 조금만 낮춰보자.
"내 안의 거인을 만나면 무엇이 좋은가?"
청년들은 이렇게 물을 것이다. 한마디로 말하자면 자신의 천재성을 발견하는 것이다. 그럼 "천재성을 발견하면 뭐가 좋은가?" 하고 물을 것이다.

이 물음에 친절하게 답해주는 사람이 있다. 딕 리처즈(Dick Richards)이다. 《당신의 천재성을 깨워라(Wake Up Your Creative Genius)》에서 그는 천재성을 발견하면 좋은 점 여섯 가지를 잘 요약한다. 첫째, 천재성을 인식하면 자신을 긍정적으로 바라보게 된다. 덕분에 당신의 정체성이 강해진다. 둘째, 타고난 재능을 알고 나면 당신에게 맞는 일과 맞지 않는 일을 구별할 수 있다. 셋째, 천재성을 깨달은 사람은 새로운 열정으로 자기 일에 혼신의 힘을 다한다. 넷째, 당신이 누구인지, 무엇을 잘하는지를 남들에게 더 쉽게 알릴 수 있다. 다섯째, 천재성을 발휘하면 시간 가는 줄 모르고 일에 푹 빠지게 된다. 일이 즐거워지고 생산성이 높아진다. 여섯째, 인간관계가 좋아지고 마음의 평화가 찾아온다. 항상 편안한 마음으로 사람을 만나고 일상에서 남과 잘 어우러지게 된다.

어떤가? 만일 당신이 이러한 장점을 가진다면 행복한 일상생활을 누릴 수 있을 것이다. 이런 것들이야말로 우리가 그토록 갖고 싶었던 능력 아닌가? 그것은 바로 내 안의 나를 깨우는 일에서 출발한다. 당신의 내면에 숨어 있는 거인을 깨워볼 만하지 않은가? 청년들이여, 거인으로 깨어나라! 이제는 진정한 행복을 추구할 때다.

알은 마음에서 깨어난다

우리는 왜 스스로 천재가 되지 못할까? 가장 큰 이유는 자신이 누구인가를 몰라서이다. '나는 원래부터 신성과 하나인 존재이다. 나는 본래 거대한 붕새였다.' 이것만 알면 당신은 알에서 깨어날 수 있다. 이것만 인정하면 당신에게는 무한한 긍정이 흘러넘칠 것이다. 다음 이유는 원대한 인생 목표가 없기 때문이다. 원대한 목표가 없다는 것은 자신을 너무나 작은 메추라기로 규정했다는 뜻이다. 당신은 원래 거대한 붕새였다. 우리가 삶에서 패배자가 되는 것은 능력이 없어서가 아니라 자신을 너무 낮게 규정하기 때문이다. 위대함을 생각하면 정말로 위대해진다. 그 첫 출발은 당신 속에서 거인을 발견하는 일이다. 그것은 마음을 활짝 여는 것으로 충분하다. 저 창공을 마음껏 날아보라. 자, 붕새여. 비상하라!

먼저 마음에서 승리하라. 인류사에 빛을 남긴 천재들의 삶을 보면 재미있는 사실을 발견하게 된다. 천재에 대한 글을 쓰면서 '천재들의 가장 으뜸가는 특징은 무엇일까?'가 궁금해졌다. 천재들은 각자 자신만의 독특한 특징을 지니고 있지만, 한편으로 공통된 특징도 있다. 그것은 무엇일까? 이 궁금함에 가장 적절한 대답을 던져준 사람은 오리슨 스웨트 마든(Orison Swett Marden)이다.

"승리자는 늘 먼저 마음속에서 승리한다."

어떻게 이토록 짧으면서도 정확하게 천재의 특징을 잘 표현할 수 있을까? 놀라운 안목에 감탄이 절로 나온다.

마음이 기적이다. 세상에 빛을 남긴 사람들은 마음에서 승리한 사람들이다. 천재들이 훌륭한 결과물을 남긴 것은 남과의 경쟁에서 승리한 것이 아니다. 그것은 자신과의 싸움에서 이겼기 때문이다. 결국 우리 인생은 자신과의 싸움이다. 그 싸움에서 최대의 적은 바로 자신이다. 남을 이기는 것보다 자신을 넘어서는 것이 더 어렵다. 세계적인 천재들이 위대하게 보이는 것은 바로 이 점 때문이다. 그들은 먼저 스스로를 위대하다고 규정하였다. 그리고 그 위대한 생각을 최선을 다해 실천한 사람들이다.

천재들의 위대한 발견은 하나의 작은 상상에서 시작되었다. 상상은 바로 마음으로 하는 일이다. 마음은 모든 것을 낳는 어머니와 같다. 그 마음은 알에서 병아리를 깨어나게 하는 어미 닭과 같다. 이처럼 마음은 한동안 하나의 아이디어를 품고 있다가 새로운 것을 창조해낸다. 예를 들어보자. NASA의 연구원들은 먼저 마음으로 달나라에 가서 거닐어보았고, 라이트 형제는 먼저 마음으로 새처럼 하늘을 날아보았다. 그들은 이 위대한 생각을 점점 구체화시켜서 달나라를 정복하고, 비행기를 만들었다. 마음이 전부다. 모든 위대한 것은 우리의 마음에서 출발한 것이다.

조너선처럼
하늘 높이 날아라

●

●

마음껏 날아오를
준비가 되었는가?

당신은 이제 알에서 갓 깨어난 새다. 새의 본성은 높이 나는 것이
다. 필요한 것은 하늘을 날아오를 추진력을 얻는 것이다. 추진력은 바
로 당신의 '신념'이다. 당신은 지금까지 당신 안의 거인을 만났다. 그
거인이 곧 당신이라는 것을 알았다.

'나의 본성은 거인이다. 나는 이미 천재다. 나는 하늘을 나는 붕새
다. 내가 사는 세계는 무한대 우주다.'

이것을 마음으로 믿는 것이 바로 신념이다.

이제 당신은 저 하늘을 자유롭게 날 준비가 되었다. 지금까지 우리

는 작은 메추라기가 알에서 깨어나 붕새로 비상하는 이야기를 했다. 그것은 또 다른 자아를 발견하는 이야기이다. 어떤가? 상상만 해도 시원하지 않은가? 의식을 좀 더 높고 깊게, 넓고 크게 가져보라. 마음껏 날개를 펼쳐 수만 리 창공을 단숨에 날아보라.

자신의 신념을 분명히 하라

당신을 한 마리 새라고 하자. 이때 신념이란 자기 존재에 대한 믿음이자 하늘을 날아오르려는 의지이다. 그 믿음과 굳은 의지가 당신에게 하늘을 날 수 있는 힘을 제공한다. 신념은 새가 하늘을 높이 날게 하는 추진력이다. 우리에게 신념은 어떤 행동을 이끌어내는 자신만의 원칙이다. 그것은 우리로 하여금 인생의 의미를 찾아 떠나게 하는 하나의 열정이다.

자, 이제 당신은 어디로 날아가려고 하는가?

이때 신념이란 당신이 날아갈 방향을 알려주는 하나의 '네비게이터'가 된다. 그 덕에 당신은 무한한 하늘을 비행할 때 날아갈 지점을 정확하게 알 수 있다. 신념은 당신이 길을 헤매다가 방향을 잘못 바꾸더라도 다시 지점을 재설정해주는 네비게이터이다. 절대로 길을 잃지 않는 마음의 나침반이다.

신념은 사람마다 다르다. 사람마다 각자의 나침반을 가지고 있다. 예를 들어 어떤 사람은 고깃배의 뒷전을 따라 다니며 쉽게 먹이를 구하는 갈매기처럼 산다. 이런 사람의 신념 나침반은 늘 고깃배들이 있는 곳으로 향한다. 또 어떤 사람은 자신의 한계를 뛰어넘어 진정한 자유를 얻기 위해 치열한 투쟁을 한다. 이런 사람의 나침반은 조너선 갈매기처럼 늘 푸른 하늘을 향할 것이다. 넓고 큰 세계로 날아가기 위한 몸부림이다. 이런 신념 체계가 서 있는 사람은 절대로 흔들리지 않는다. 그가 서 있는 곳이 세상의 중심이 된다. 천재가 지향하는 곳은 바로 무한한 능력이 있는 거인들의 세계다. 그 세계가 바로 우리의 본래 고향이다. 천재들은 이러한 정신적 뿌리를 갖추고 있다. 이것이 그들의 독특한 신념체계다.

당신은 어떤 신념을 갖고 싶은가? 당신의 선택이 곧 신념이다. 문제는 진정으로 당신을 행복하게 해줄 신념체계를 찾는 것이다. 이러한 신념이 있으면 당신은 원하는 지점으로 정확하게 날아갈 수 있다. 무조건 멀리 난다고 좋은 것이 아니다. 천재들은 확고한 신념으로 흔들리지 않고 하나의 목표를 향해 끊임없이 항해했다. 청년들이여, 자유로운 천재가 되고 싶은가? 진정으로 그렇다면 세계적인 천재들의 신념을 본받아라. 천재들의 신념이 탁월성을 낳는다. 당신의 행동을 바꾸고 싶다면 먼저 당신의 신념부터 바꿔야 한다.

앤서니 라빈스(Anthony Robbins)는 '본질적으로 인간의 역사는 신념의 역사'라고 했다. 그는 《거인의 힘 무한능력(Unlimited Power a Black Choice)》에서 예수, 무함마드, 코페르니쿠스, 콜럼버스, 에디슨, 아인슈타인처럼 인류의 역사를 바꾼 위대한 천재들은 인간의 신념체계를 바꾼 사람들이라고 했다. 천재들이 인류의 신념을 송두리째 바꾸었다면, 먼저 그들에게는 강렬한 신념체계가 있었을 것이다. 그 신념이 모든 인류를 새로운 방향으로 이끈 것이다. 우리를 더 멀리, 더 높게, 본성을 향해 날게 하는 추진력은 우리의 신념에서 나온다.

높이 나는 새가 멀리 본다

이 말은 지금도 내 가슴을 설레게 한다. 이것은 리처드 바크(Richard Bach)의 《갈매기의 꿈(Jonathan Livingston Seagull)》이 던지는 핵심 메시지다. 고등학교 3학년 시절, 대학예비고사를 치르고 며칠이 지났을 때였다. 크리스마스이브가 다가오고 있었다. 저녁 무렵 나는 형수님과 함께 만두를 빚고 있었다. 그때 친구가 집을 찾아왔다. 나의 여자 친구다. 그녀는 빨간 장미를 몇 송이 들고 있었다. 나는 당시 '거창'이라는 작은 도시에서 고등학교를 다니고 있었다. 이 친구도 인근의 인문계 여고에 다니고 있었다. 우리는 집을 나섰다. 거리에는 크리스마스캐럴이 울려 퍼지고 있었다.

해마다 사람들은 화이트 크리스마스가 되기를 간절히 바란다. 그 날은 저녁부터 하늘이 어두워지기 시작하더니 서서히 눈발이 내리기 시작했다. 길을 걷는 사람들의 발걸음이 한결 가벼웠다. 흥겨운 캐럴 에다 하얀 눈까지 내리다니! 우리는 한껏 들떠 있었다. 마치 하늘의 축복을 듬뿍 받고 있다는 느낌이 들었다. 대학 입시를 끝내고 나면 누구라도 날아갈듯이 홀가분한 마음이 든다. 물론 합격과 불합격의 결과가 우리를 기다리고 있지만, 당장의 걱정은 아니었다. 우리는 그저 이 순간을 즐기고 싶었다. 우리 둘은 무작정 걸었다. 시내를 빠져나와 한적한 도로를 걸었다. 그날은 한없이 걷고 싶었다.

거리에서 가득 울려 퍼지던 캐럴송도 점점 멀어졌다. 눈은 내리고 우리는 말없이 걸었다. 하지만 둘이서 함께 걷는다는 사실만으로도 기뻤다. 말이 없어도 우리는 서로 충분히 대화하고 있었다. 이렇게 가슴이 벅차오를 수 있다는 것보다 더 큰 대화가 어디 있는가? 어느새 한적한 시골길로 접어들었다. 모든 도시의 불빛도, 캐럴도 다 사라졌다. 오직 들려오는 소리라고는 둘이서 눈길 위를 걷는 발자국 소리뿐이다. 뽀드득 뽀드득. 어둠 속에 하얀 눈만이 우리가 가는 길을 밝히고 있었다. 드디어 어느 갈림길 앞에 섰다. 어디로 갈 것인가? 왼쪽인가, 오른쪽인가? 아니면 이제 돌아갈 것인가?

그때였다. 펑펑 내리던 눈이 거짓말처럼 그치고 구름 사이로 달이 살며시 나왔다. 온 천지가 하얗게 눈으로 가득한 설국이었다. 하얀 눈길 위에 달빛이 내려앉았다. 여자 친구가 품에서 작은 포장지를 꺼내더니 나에게 건넸다. 정성스럽게 포장한 리본을 풀어 보니 한 권의 책이 나왔다. 리처드 바크의 《갈매기의 꿈》이었다. 나는 그 책을 품에 넣고 하얀 밤길을 돌아왔다.

책 속에는 작은 편지가 하나 들어 있었다. "그동안 대학입시 공부하느라고 수고했어. 많이 힘들었을 텐데 쉬면서 한번 읽어봐." 그 친구도 나와 같은 인문계고등학교를 다녔지만 가정형편 때문에 대학시험에 응시하지 않았다. 나보다 훨씬 공부를 잘했던 친구다. 대학을 가고도 남을 만큼 공부를 잘했다. 당시 그 친구의 가슴이 어떠했을까? 그런데 오히려 그 친구에게서 내가 위로를 받을 줄이야! 친구의 아픔이 가슴에 전해져왔다. 그날 밤새도록 나는 그 책을 다 읽었다. 책을 덮는 순간 가슴이 멍해졌다. 저렇게 멀리 높이 날고 싶은 새가 날개를 펼 수 없다니! 친구 생각에 눈물이 났다.

조너선 리빙스턴에게는 꿈이 있었다. 먹이를 찾아 뱃전을 나는 평범한 갈매기가 되기 싫었다. 자기만의 독특한 삶을 살고 싶었다. 그래서 조너선은 진정한 자유와 자아실현을 위해 비상을 꿈꾼다. 그에게는 동료들의 비웃음과 따돌림에도 아랑곳하지 않는 신념이 있었다. 창공으로 높이 솟구쳐 올랐다가 단숨에 수직강하를 수없이 반복하여 마침내 자유자재한 비행을 완성한다. 마침내 무한한 자유의 공간으로까지 날아오르는 꿈을 실현한다.

바로 이것이다. 당신에게도 저 창공을 날 수 있는 무한한 능력이 있다. 그것을 굳은 신념으로 믿고 실현한 자가 바로 천재다. 자신의 꿈을 향해 끊임없이 비행하는 조너선의 모습에서 우리는 천재를 본다. 조너선은 우리에게 외친다. '가장 높이 나는 새가 가장 멀리 본다.' 청년들이여, 높이 비상하라!

프로스트처럼
낯선 길을 택하라

·
·

가지 않은
길

　삶은 하나의 선택이다. 우리는 매일 수많은 선택을 하며 산다. 사소한 선택뿐 아니라 매우 중요한 선택을 해야 할 때도 있다. 우리는 고뇌하면서 하나의 길을 선택한다. 동시에 선택하지 않은 길을 아쉬워한다. 이처럼 인생행로에서 우리가 만나는 삶의 선택과 고뇌를 잘 표현한 시인이 있다. 미국의 시인 로버트 프로스트이다. 그는 인생의 갈림길에서 망설이는 우리에게 충고한다.

　"남들이 가지 않은 길을 가라."

　프로스트는 퓰리처상을 네 번이나 수상한 미국의 계관시인이다.

그는 주로 소박한 농민과 자연을 노래했다. 덕분에 현대 미국 시인 중에서 가장 순수한 고전적 시인으로 꼽힌다. 또한 그는 가장 명예로운 시인에게 내리는 월계관을 쓴 천재시인이다.

이 천재도 우리처럼 인생의 갈림길에서 고뇌하였다. 그것을 '가지 않은 길'이라는 시에서 잘 표현하고 있다. 어느 날 가을 숲속을 거닐다가 시인은 갈림길 앞에 섰다. 단풍이 곱게 물든 숲속에 난 두 갈래의 길에는 아무도 밟지 않은 낙엽만 쌓여 있다. 그날 아침 똑같이 아름다운 두 길은 너무나 매혹적이다. 두 길은 서로 시인을 초대하고 있다. 어느 길로 갈까? 선택의 순간이다.

시인은 두 길을 동시에 갈 수 없음을 못내 아쉬워한다. 그래서 자신이 선택하지 않은 길을 최대한 멀리까지 내려다본다. 우리의 인생길이 그러하다. 두 번의 인생을 살 수가 없기 때문이다. 고뇌 속에 시인이 선택한 길은 바로 '남들이 잘 가지 않은 길'이다. 이 새로운 길은 훨씬 더 고단한 길이라는 것을 잘 알고 있다. 그러면서도 시인은 그 길을 자신이 걸어야 할 길이라고 생각한다. 이 길이 바로 천재가 선택한 길이다.

〈가지 않은 길〉

단풍 든 숲속에 길이 두 갈래로 나 있습니다.
나는 두 길을 다 가지 못하는 것을 아쉬워하면서

오랫동안 서서 한 길이 덤불 속으로 꺾여
사라지는 지점까지 가능한 한 멀리 바라다보았습니다.

그리고 똑같이 아름다운 다른 길을 택했습니다.
그 길에는 풀이 더 무성하고 사람이 다닌 자취가 적어
아마 더 걸어야 될 길이라고 나는 생각했었던 게지요.
그 길을 걸으므로 그 길도 거의 같아질 것이지만

그날 아침 두 길에는 낙엽을 밟은 자취는 없었습니다.
아, 나는 다음 날을 위하여 한 길은 남겨두었습니다.
길은 길에 연하여 끝없으므로
내가 다시 돌아올 것을 의심하면서

먼 훗날 나는 어디선가 한숨 쉬며 이야기할 것입니다.
숲속에 두 갈래 길이 있었다고
나는 사람이 적게 간 길을 택했다고
그리고 그것 때문에 모든 것이 달라졌다고

"세상의 모든 길은 두 갈래로 나뉜다"고 정끝별 시인이 말했다. 간
길과 가지 않은 길, 알려진 길과 알려지지 않은 길, 길 있는 길과 길
없는 길! 삶이라는 이름 아래, 선택이라는 이름 아래 우리는 한 길만
을 걸어야 한다. 우리는 두 길을 다 걸을 수가 없다. 때문에 우리는 선

택 앞에 갈등을 한다. 누구에게나 삶의 조건은 공평하다. 문제는 우리의 선택에 따라 삶이 달라진다는 것이다.

어떤 길을 갈 것인가? 결국 시인이 선택한 길은 많은 사람들이 가는 쉬운 길이 아니었다. '풀이 더 무성하고 사람이 다닌 자취가 적은 길'이다. 비록 외롭고 힘들지라도 자신만의 길을 택한 것이다. 그 길을 누군가가 더 걸어가야 한다는 시인의 신념 때문이다. 범재는 남들이 닦아놓은 쉬운 길을 가지만, 천재는 자신의 길을 스스로 개척한다.

시의 원제목은 'The Road Not Taken'이다. 이 제목은 행위자가 누구인가에 따라 두 가지 의미를 갖는다. 즉 '내가 가지 않은 길'과 '남들이 선택하지 않은 길'이다. 중의법이다. 전자는 시인이 가지 않은 길에 대한 진한 아쉬움을 전하는 효과가 있다. 반면 후자는 남들이 가지 않은 길을 선택한 나만의 인생길을 뜻한다. 이 제목은 또한 재미있는 대칭적 구조를 담고 있다. 내가 가지 않은 길은 곧 남들이 많이 가는 길이고, 남들이 가지 않은 길은 바로 내가 가는 길이다.

이러한 대칭과 중의법을 통해 시인이 전달하려는 메시지는 무엇일까? 둘을 종합해보면 메시지가 드러난다. 우리의 삶은 하나의 선택이다. 선택에 따른 아쉬움은 필연이다. 그러나 어느 한 길을 선택해야 한다면 새로운 길을 선택하라고 프로스트는 말한다. 지금부터 풀이 더 무성하고 발자취가 적은 길을 선택한 또 다른 천재의 삶을 살펴보자.

탐험천재 콜럼버스의
용감한 항해

인생은 종종 항해에 비유된다. 인생길이 멀고 먼 바다를 여행하는 것과 같다는 말이다. 그 인생 항로에서 우리는 희로애락을 경험한다. 순풍에 돛을 달고 잔잔한 바다 위를 평화롭게 항해하며 행복을 맛보기도 하고, 끝없이 무한대로 펼쳐지는 바다 위에서 똑같이 반복되는 일상에 지루해하기도 하며, 때로는 성난 폭풍우가 몰아치는 어두운 밤바다를 항해하며 두려움과 공포 속에 떨 때도 있고, 마침내 거센 폭풍우가 잦아든 새벽의 고요함 속에 수평선 위로 떠오르는 위대한 태양을 맞으며 환희에 젖을 수도 있다.

우리는 이렇듯 각자 추구하는 삶의 항구를 향해서 매일 조금씩 항해를 하고 있는지도 모른다. 만일 당신이 지금 거친 바다를 뚫고 항해를 해야 한다면 어떤 항로를 선택하고 싶은가? 늘 다니던 익숙한 해안선을 따라갈 것인가 아니면 한 번도 가보지 않은 광대한 바다 한복판으로 뛰어들 것인가? 우리의 선배 천재들은 종종 후자를 선택했다.

프로스트의 '가지 않은 길'을 선택하여 인류 역사상 가장 무모한 항해를 한 탐험천재가 있다. 바로 크리스토퍼 콜럼버스다. 그는 1492년 지금까지 아무도 도전하지 않았던 대서양을 가로질러 신대륙에 도착했다. 당시 바다를 항해하는 사람들은 모두 안전한 해안선을 따라 이동했다. 그러나 콜럼버스는 익숙한 해안선을 버리고 광대한 바다 한복판으로 뛰어들었다. 콜럼버스는 서쪽으로 대서양을 계속 항해하여 70일 만에 아메리카 대륙에 도달했다.

인간이 한 번도 시도해본 적이 없는 위험한 항해였다. 낯선 바다 자체도 위험했지만 도중에 콜럼버스는 공포에 빠진 선원들의 선상반란으로 죽을 뻔했다. 그때마다 그는 선원들에게 용기를 북돋아주며 끝없이 설득했다. 윤경철은 이 장면을 《대단한 바다여행》에서 이렇게 묘사했다.

1492년 8월, 콜럼버스는 세 척의 배에 120명의 선원을 태우고 스페인 팔로스 항을 출발하여 서쪽으로 향했다. 그의 선단은 온갖 고난을 극복하고 10월 12일에 한 섬에 도착했다. 원주민들이 '과니하니'라고 부르는 그곳에 도착하여 콜럼버스는 '산살바도르(San Salvado, 성스러운 구세주)'라는 이름을 붙여주었다. 끝없는 항해로 절망에 빠진 선원들에게 구세주와 같은 섬이었기 때문이다.

콜럼버스 일행이 죽음의 사투 끝에 눈앞에 나타난 섬을 '구세주'라고 부른 데서, 우리는 이 항해가 얼마나 힘들고 위험했는지를 잘 읽을 수 있다. '아메리카'라는 신대륙의 발견은 이렇게 이루어진 것이다. 콜럼버스의 항해가 여러분들에게는 어떤 의미로 와 닿는가?

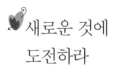 새로운 것에
도전하라

'남들이 가지 않은 어려운 길'을 기꺼이 선택한 콜럼버스의 도전
정신에 저절로 찬사를 보내게 된다. 무엇이 콜럼버스로 하여금 새로
움에 도전하는 탐험천재가 되게 했을까? 당시 유럽인들에게는 새로
운 세계를 향한 탐험은 하나의 시대정신이었다. 13세기에 마르코 폴
로가 쓴《동방견문록》덕분에 유럽인들은 신비의 나라 동방에 대한
호기심으로 가득 차 있었다. 그들은 지중해를 거치지 않고 직접 동방
과 교역할 수 있는 새로운 항로들을 찾고 있었다. 콜럼버스에게도 이
러한 새로운 세계를 향한 강렬한 동경이 있었다. 그에게 탐험의 천재
를 깨운 것은 바로 새로운 세상을 찾아 떠나려는 뜨거운 열망이었다.

콜럼버스의 도전정신은 어린 시절 작은 꿈에서 출발한다. 콜럼버
스는 15세기 조선업으로 유명한 이탈리아의 주요 항구 제노바에서
태어난다. 이곳에서 자란 콜럼버스는 자연스럽게 바다를 보면서 항해
의 꿈을 키웠다. 이곳에서 이루어지는 무역 거래를 눈으로 보면서 무
역 항로에 대한 관심을 갖게 되었다. 훗날 콜럼버스가 '동양'을 찾아
떠난 이유는 기존의 무역 항로에서 벗어나 최단거리의 새로운 무역
항로를 찾기 위해서였다.

콜럼버스 이전에도 많은 선원들이 동방으로 가기 위해 대서양을

횡단하는 시도를 했다. 그러나 그들은 귀환 항로를 확보하기 위해 안전한 해안선만 고집하다가 실패하고 말았다. 콜럼버스는 해안선을 버리고 대양을 향해 뛰어들었다. 무조건 대서양을 가로질러 계속 서쪽으로 항해하면 동방에 닿을 것이라는 믿음이 있었기 때문이다. 당시 사람들에게는 무모한 도전으로 보였다. 그들은 대서양 서쪽 끝에는 낭떠러지가 있다는 고정관념을 갖고 있었다.

그러나 콜럼버스는 미지의 세계를 향해 항해를 감행했다. 그에게는 지구가 둥글다는 과학적 지식도 있었고, 자신의 꿈을 이룰 수 있는 기술이 있었기 때문이다. 마이클 겔브(Michael J. Gelb)는《위대한 생각의 발견(Discover Your Genius)》에서 콜럼버스의 말을 이렇게 전한다.

나는 지리학, 역사, 그리고 여타 예술에 관한 방대한 양의 책을 읽었다. 신은 나의 그러한 노력을 가상히 여기시어 나에게 인도로의 항해가 가능하다는 사실을 알려주셨다.

새로운 도전을 위해 그가 얼마나 치열하게 준비했는가를 볼 수 있는 장면이다.

지금 우리 청소년들은 '구글 어스'를 가지고 논다. 컴퓨터에서 구글 어스를 클릭하면 바로 하늘에서 한눈에 지구를 내려다볼 수 있다.

마우스로 지구를 돌려보면 지구가 둥글다는 것도, 일직선으로 항해하면 다시 출발선으로 되돌아온다는 것도 단숨에 확인할 수 있다. 그러나 500년 전만 해도 이러한 과학적 상식은 굉장히 위험한 발상이었다. 콜럼버스의 항해는 코페르니쿠스가 1543년 '천구의 회전에 대하여'라는 책에서 지동설을 주장하기 한참 전의 일이었기 때문이다.

콜럼버스의 항해는 '지구는 둥글다'는 혁명적인 발상을 코페르니쿠스보다 먼저 실험으로 보여준 것이다. 하나의 새로운 세상을 발견한다는 것은 그냥 이루어지는 것이 아니다. 미지의 세계에 대한 도전정신이 필요했고, 고정관념을 깨고 익숙한 해안선만을 고집하지 않는 탐험가의 용기가 필요했다. 그 위에 꿈을 실현할 철저한 준비가 있었기에 가능한 일이었다. 콜럼버스의 위대한 항해는 한 천재 탐험가가 '남들이 가지 않은 길'을 선택한 결과이다.

콜럼버스의 신대륙 발견은 오랫동안 많은 시인들에게 영감을 제공하는 좋은 소재가 되었다. 미국의 정신을 대변하는 위대한 시인 월트 휘트먼(Walt Whitman)은 콜럼버스를 이렇게 노래했다.

〈콜럼버스의 기도〉

오, 나는 이 모든 것이 당신의 뜻임을 알 수 있습니다.
강한 충동, 열정, 불굴의 의지.

마음속 깊은 곳에서 들려오는, 어떤 말보다도 강렬하고 절실한
명령.

신의 계시가 꿈에서조차 내게 속삭입니다.

그리고 이 모든 것이 나를 재촉합니다.

콜럼버스가 위대한 항해를 꿈꾼 것은 신의 뜻인 것처럼, 시인 휘트
먼으로 하여금 새로운 세계로 원대한 항해를 꿈꾸게 한 것은 콜럼버
스의 뜻일지도 모른다. 동시에 휘트먼의 시는 독자들로 하여금 또다
시 신세계를 향한 힘찬 항해를 꿈꾸게 한다. 한 천재의 전설적인 항해
는 오늘을 사는 우리에게도 많은 영감의 원천이 되고 있다. 청년들이
여, 콜럼버스의 산타마리아호를 타고 세상을 마음껏 항해하라.

블레이크처럼
상상의 날개를 달아라

·
·

🦋내가 곧
우주이다

영국의 낭만주의 시인이자 화가인 블레이크는 상상력의 대가이다. 그는 풍부한 상상력으로 경험한 신비로운 체험들을 시로 표현했다. 어릴 적부터 상상력을 발동해 자기 방 창가에 내려온 천사와 대화를 나누고, 높은 언덕 위에 올라 하늘을 만지는 경험을 할 정도였다. 그는 상상의 날개를 타고 마음껏 새로운 세상을 경험했다. 그 원초적 경험의 이야기를 《순수의 노래(The Songs of Innocnece)》에 담고 있다.

우리의 영혼이 맑고 순수하면 이 세상은 사랑으로 가득하다는 것을 알게 된다.

이것이 시인의 기본 사상이고 주요 테마이다. 우리가 본래의 순수한 마음으로 돌아가면 인간은 자연과 하나가 될 수 있다. 그 순간 이 세상은 아름다움으로 충만해진다. 그의 유명한 시 한 편을 먼저 감상해보자.

〈순수하다는 증거〉

한 알의 모래 속에서 이 세상을 보고
한 송이 들꽃으로 천국을 보려면

그대 손바닥 안에 무한대를 담고
한순간 속에서 영원을 붙들어라.

감탄이 절로 나온다. 나는 이처럼 짧으면서도 강렬한 진실을 담은 시는 보지 못했다. 이 시의 특징은 짧고 간결하다. 그러나 세상의 모든 진리를 다 담고 있다. 하나의 단어가 전부를 의미하는 폭발력을 지니고 있다. 이 짧은 시 속에 블레이크는 자신의 큰 생각을 모두 표현하고 있다. 순수한 시인이자 상상력의 달인임을 보여준다.

모래 한 알에서 이 세상을 보고, 들꽃 한 송이에서 천국을 본다는 것은 무엇을 의미할까? 작은 모래 한 알이 바로 이 세상 전부이고, 아름다운 꽃 한 송이가 천국의 모습 그 자체라는 뜻이다. 이것을 어떻게 알 수 있는가? 상상력으로 알 수 있다. 당신의 마음이 우주만큼 커지면 알 수 있다. 나 자신이 무한대 우주라고 상상해보라. 그 우주 속에는 모든 것이 다 담겨 있다. 모래 한 알도 나이고, 세상 전부도 나이다.

'내가 곧 우주'라는 것을 마음속으로 상상할 수 있다면 블레이크가 경험한 세계를 쉽게 맛볼 수 있다. 당신의 마음을 우주만큼 크게 만들어보라. 의식을 확장하는 것이다. 당신의 마음속에 모든 것이 다 들어 있다. 이 말은 바로 상상력의 천재 아인슈타인의 말을 상기시킨다.
"상상력이 전부다. 그것은 앞으로 다가올 미래의 매력적인 것들을 미리 보여주는 예고편과 같다."

상상력은 위대한 마음이다

상상의 힘이 얼마나 중요했으면 아인슈타인은 상상력이 전부라고 말했겠는가? 상상은 마음으로 하는 것이다. 그렇다면 우리는 이렇게 말할 수 있다.
"마음이 전부다."

모든 것은 마음에서 비롯되는 것이다. 블레이크가 모래 한 알에서 세상을 보고, 들꽃 한 송이로 천국의 모습을 보는 것은 바로 시인의 마음 크기를 말한다. 자신의 마음이 콩알만 하면 세상을 콩알로 보고, 마음이 무한대이면 우주 안에 있는 전부를 다 볼 수 있다. 이렇게 마음을 크게 하는 것을 우리는 깨달음이라 한다. 깨닫는다는 것은 바로 내 생각을 깨트리는 것이다. 마치 데미안처럼 자기 마음그릇을 깨고 알에서 깨어나는 것이다. 바로 각성의 순간이다. 그렇게 되면 당신도 바로 모래 한 알이 이 세상 전부라는 것을 금방 깨닫게 된다.

이제 당신도 시의 후반부를 쉽게 이해할 수 있을 것이다. 블레이크처럼 당신의 작은 손바닥 안에 무한대 우주를 담을 수 있고, 1초의 시간으로 영원을 붙들 수 있다. 당신의 손바닥이 큰가, 무한대 우주가 큰가? 1초의 시간이 긴가, 영원한 시간이 긴가? 둘 다 같은 것이다. 크다 작다, 길다 짧다는 누가 나누고 있는가? 바로 당신의 작은 마음이 나누고 있다. 시간과 공간은 모두 당신의 마음속에 있는 것이다.

문제는 당신이 마음을 얼마나 크게 먹느냐에 달렸다. 마음을 우주만큼 크게 먹으면 당신은 시간과 공간도 모두 다 가질 수 있다. 블레이크처럼 상상력으로도 충분히 가능하다. 그런데 더 중요한 것이 있다. 알고 보면 우리의 원래 마음은 모두 그렇게 크다. 우리가 살아오면서 자기의 마음을 따로 가지면서부터 작아진 것뿐이다. 그 작은 마음을 탁 버리면 된다. 아주 쉽다. 마음으로 버리면 된다. 마음으로 저장한 프로그램은 마음으로 버릴 수 있다.

그 작은 마음을 버리면 어떻게 될까? 원래의 큰마음만 남는다. 그것이 바로 순수한 마음이다. 우리의 본래 큰마음은 순수 그 자체다. 무한대 순수 허공과도 같다. 아무런 낙서가 없다. 내가 살아오면서 칠해놓은 낙서가 전혀 없어 천진무구한 상태다. 순수해진다는 것은 본래의 마음을 되찾는 것이다. 그래서 순수한 마음일 때 우리는 사물을 있는 그대로 볼 수 있다. 유리창에 아무런 때가 묻지 않은 것과 같다. 그렇게 되면 우리는 그 무엇과도 대화를 할 수 있다. 마치 블레이크가 천사와 대화를 하는 것처럼,《나의 라임오렌지나무》에 나오는 꼬마 제제가 기쁠 때나 슬플 때나 라임오렌지나무를 찾아가서 이야기를 하는 것처럼 말이다.

우리의 마음은 원래 순수 그 자체이다. 그것을 블레이크는《순수의 노래》에서 전하고 있다. 그러나 살아가면서 우리는 보고 듣고 경험한 것을 가지고 마음에 색칠을 한다. 때문에 순수한 본래 마음이 보이지 않게 된다. 이것을 블레이크는《경험의 노래(Songs of Experience)》에서 이야기한다. 그렇다고 우리의 순수한 본성이 어디로 간 것은 아니다. 그대로 안에 있다. 다만 때 묻은 마음에 가려 그 순수한 마음을 보지 못할 뿐이다. 블레이크는 순수한 본래 마음을 '양'에 비유하고, 세월의 경험 속에서 우리의 때 묻은 마음을 '호랑이'에 비유한다. 시간이 흐르면서 우리의 순수한 마음이 때 묻은 마음에 가려버린다. 이것을 양이 호랑이에게 잡아먹히는 것으로 비유했다. 우리는 내면에 착한 양이 있다는 사실을 모르고 산다. 우리는 늘 내

배를 채울 대상을 노려보는 호랑이와 같은 삶을 산다. 이것이 바로 개체 마음속에 갇혀 사는 우리 인간의 허기진 모습이다.

이 좁은 마음의 감옥에서 빠져나와야 한다. 블레이크는 마음으로 탈출했다. 위대한 천재시인 블레이크는 상상력이라는 위대한 날개를 달고 마음껏 세상을 날아다녔다. 마음이 순수한 자는 한 송이 들꽃에서도 천국을 보리라. 마음이 넓은 자는 한순간 속에서도 영원한 시간을 살게 되리라.

상상력으로 개성을 표현하라

지금은 독특함을 요구하는 시대다. 남들보다 뛰어나는 것도 좋지만 그보다는 중요한 것은 남과 다른 것이다. 당신이 남과 다른 것이 무엇인가를 매일 관찰하고 기록해보라. '나는 힘이 세다, 눈썰미가 있다, 성격이 부드럽다, 깔끔한 것을 좋아한다, 잘 견딘다, 몰입을 잘한다, 미각이 뛰어나다, 걷는 것을 좋아한다, 손길이 섬세하다, 목소리가 좋다.' 특성은 이루 다 헤아릴 수 없이 많다. 왜 그럴까? 당신은 원래부터 천재이니까 그렇다. 우리는 누구나 하늘로부터 물려받은 재능을 가지고 있다. 자신을 더 이상 무시하지 마라. 지금 여러분의 문제는 능력이 부족한 것이 아니라, 스스로를 무능한 사람으로 무시하는 마음이다. 이제부터 자신의 천재성을 믿고 그것을 실현할 방법에 몰두하라. 자신의 재능에다가 상상의 날개를 달아라.

"개성을 표현하는 것은 세상에 대한 당신의 선물이다."

로렌스 볼트(Laurence Boldt)의 말이다. 이 말은 평범한 우리로 하여금 한없는 용기를 갖게 한다. 지금까지 우리는 개성의 표출을 억압당하며 살아왔기 때문이다. 우리 사회는 개성의 표현보다는 남들보다 더 뛰어난 능력을 요구해왔다. 그래서 비슷한 능력을 가진 사람들끼리 엄청난 경쟁을 할 수밖에 없었다. 소품종 대량생산 시대의 비극이었다. 그러나 이제 미래사회는 다행스럽게도 남들이 갖지 않는 능력을 요구하고 있다. 비로소 다품종 소량생산 시대이다. 이제 이 세상에는 다양한 천재가 필요하다는 뜻이다. 천재의 민주주의 시대가 온 것이다. 누구나 천재가 될 수 있고 누구나 행복해질 수 있는 시대다. 이시대의 흐름을 거부하지 말라. 이제는 당신의 풍부한 상상력으로 재능에 불을 지피기만 하면 된다.

미켈란젤로처럼
온몸을 불사르라

신께서
보고 계신다

로맹 롤랑(Romain Rolland)은 말했다.

"천재가 누구인지 모르겠거든 미켈란젤로를 보라."

많은 천재들이 공통으로 가진 특징을 온몸으로 보여준 인물이 바로 미켈란젤로이다. 그 특징은 신념과 열정이다. 이탈리아 르네상스 시대의 천재적 예술가 미켈란젤로는 신의 뜻을 온몸으로 표현하고자 했다. 시스티나 대성당의 천장화 〈천지창조〉와 벽면화 〈최후의 심판〉이 이것을 웅변한다. 이 작품이 제작된 후 460년이 지난 1994년 미켈란젤로의 시스티나 성당의 프레스코화가 복원된다. 로마교황청이 이 작품을 대중에게 공개하던 날, 교황 요한바오로 2세는 이 성당을 "인간의 몸으로 이루어진 신학의 거룩한 성소"라 했다. 천재 조각가의 피땀 어린 노력에 대한 최대의 찬사가 아닐 수 없다.

미켈란젤로는 이탈리아의 위대한 조각가이자 건축가이다. 르네상스시대에 활동한 그는 회화, 조각, 건축에서 뛰어난 업적을 남겼다. 산피에트로 대성당의 〈피에타〉, 〈다비드〉를 비롯하여 시스티나 대성당의 천장화 〈천지창조〉 등이 대표작이다.

이러한 위대한 작품들은 한 천재의 신념과 열정의 산물이다. 시스티나 대성당의 천장은 높이가 20여 미터나 된다. 미켈란젤로는 그 높은 공간에서 프레스코 화법으로 그림을 그렸다. '프레스코화법'은 석회 반죽을 먼저 벽면에 바르고 수분이 있는 동안 채색하여 완성하는 그림을 뜻한다. 이탈리아어로 프레스코는 '신선하다'는 뜻이다. 벽면에 신선한 물기가 남아 있는 한정된 시간에 그림을 그려야 한다. 그렇게 하지 않으면 물기가 말라버려서 그 부분의 회반죽을 긁어내고 다시 시작해야 한다. 수정이 불가능하므로 숙련이 필요한 기법이다.

높은 천장에 매달려 이러한 작업을 하는 미켈란젤로를 상상해보라. 그의 뜨거운 신념을 엿볼 수 있는 에피소드가 있다. 그의 작품 속에 나오는 인물들은 모두 343명이라고 한다. 그 인물들은 어느 한 명도 엑스트라가 없다. 빼도 될 등장인물은 한 명도 없다는 뜻이다. 심혈을 기울여 한 명씩 그려나가던 어느 날 사람들이 다가가서 미켈란젤로에게 물었다.

"여보시오, 저 높고 어두워 잘 보이지 않는 저 구석들까지 왜 그렇게 정성을 쏟고 있소?"

미켈란젤로는 짧게 대답했다.

"신께서 보고 계실 겁니다."

이것이 바로 천재의 신념이다. 그가 말하는 신이란 누구를 뜻하는가? 물론 종교적인 신을 의미할 수도 있다. 동시에 천재가 가진 내면의 눈을 뜻할 수도 있다. 마음의 눈, 즉 양심이 보고 있다는 뜻이다. 그 양심의 눈은 한 치의 흐트러짐도 허락하지 않았다. 양심이 바로 신의 마음이다. 이것이 바로 작품을 대하는 천재의 마음이다. 천재는 작품을 통하여 신과 소통한다. 천재는 신과 만나는 자다. 조각가의 마음이 곧 신의 마음이 된다. 시인 미켈란젤로는 자신의 마음을 어느 시에서 이렇게 표현했다.

> 하루라도 당신을 만나지 못하면
> 어디에도 평안이 없습니다.
> 당신을 만날 때
> 당신은 마치 굶주린 자의 맛있는 음식과도 같습니다.
> 당신이 웃음 지을 때, 길에서 인사를 할 때
> 나는 용광로처럼 불타오릅니다.

당신이 말을 걸어주면
나는 얼굴을 붉히지만
모든 괴로움은 일시에 가라앉지요.

시 속에 나오는 '당신'은 누구일까? 나는 이 시를 보자마자 바로 시인의 마음이 느껴졌다. 시에 나오는 '당신'은 미켈란젤로에게는 절대적 존재이다. '당신'은 조각가가 자신의 조각 작품을 만드는 과정에서 매일 만나는 신의 모습이다. 그는 작품을 통해서 신의 음성을 듣고, 신의 모습을 보고, 신과 대화한 것이다.

물론 이 시 속에 나오는 '당신'은 신일 수도 있고, 현실 속의 연인일 수도 있다. 그것을 굳이 구분 지을 필요는 없다. 미켈란젤로에게 '당신'은 하나의 같은 존재를 의미하기 때문이다. 만일 그 당신이 신이라면 연인 같은 신이고, 연인이라면 신과 같은 연인이다. 그래서 천재조각가에게 '당신'은 모든 것을 다 충족시켜주는 존재이다. 당신을 만나면 마음이 평안해지고, 만나기만 해도 배가 부르고, 마주칠 때면 가슴이 불타오르고, 말을 나누면 모든 고통이 사라지기 때문이다. 이런 존재가 설사 연인을 뜻한다고 해도 그 연인은 바로 신이 아니고 무엇이겠는가?

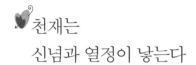

천재는
신념과 열정이 낳는다

　위대한 조각가가 진정으로 천재인 이유는 작품을 대하는 그 마음에 있다. 그 마음속은 신념과 열정으로 넘친다. 그가 남긴 명작들은 우리를 황홀케 한다. 그러나 우리는 잘 알지 못한다. 아름다운 결과 속에 묻힌 천재의 땀과 눈물을 보지 못한다. 무엇이 이 조각가를 천재로 만들었는가? 미켈란젤로는 스스로 '유모의 젖과 함께 끌과 정을 핥으며 자랐기 때문'이라고 했다. 자신의 성장환경을 단적으로 보여주는 말이다. 그는 어린 시절 어머니를 잃고 유모의 품에서 자란다. 그 유모의 남편이 석공이었다. 어린 미켈란젤로는 유모에게서 먹을 것을 얻고, 석공 옆에서 돌을 장난감처럼 가지고 놀았다. 어린 시절의 경험은 천재 조각가의 씨앗이 되었다.

　그의 성장과정을 살펴보자. 미켈란젤로는 1475년 3월 6일, 이탈리아 카센티노의 카프레세에서 태어났다. 여섯 살 때 어머니가 세상을 떠나자 미켈란젤로는 어느 석공의 아내에게 맡겨졌다. 미켈란젤로는 어릴 적부터 공부보다는 그림을 좋아했다. 그는 학교에서 오직 데생만 했다. 그러나 아버지는 아들이 예술가로 성장하는 것을 반대하고 공부를 강요했다. 그는 열세 살 때 아버지의 반대를 무릅쓰고 당시 피렌체에서 유명한 화가 도메니코 기를란다요의 제자가 되어 미술수업을 받는다. 그의 재능은 스승도 질투할 만큼 뛰어났다. 천재는 일찍 발견되었다. 그러나 미켈란젤로는 미술보다 더 영웅적인 작업을 하고 싶었다. 그래서 그는 피렌체 메디치 가문의 산마르코 조각학교에 입학했다. 그곳에서 그는 로렌초 데 메디치의 가르침과 후원으로 조각가로서 성장하게 된다. 천재의 씨앗이 싹이 트는 시기였다.

그의 천재성은 우연찮게 발휘된 것이 아니다. 천재의 땀과 열정의 결과이다. 열아홉 살 때 그는 '로마에서 가장 아름다운 조각품'을 제작하라는 제의를 받고 〈피에타〉를 1499년에 완성했다. 사람들은 인류를 구원하기 위해 싸늘한 주검이 된 아들을 안고 있는 마리아의 모습 앞에 넋을 잃고 만다. 미켈란젤로는 조각하기 어려운 대리석을 이용하여 거대한 〈다비드〉 조각상을 3년에 걸쳐 완성했다. 가장 아름다운 인체의 비례를 표현한 〈다비드〉 조각상 앞에서 사람들은 입을 다물지 못한다. 1504년, 스물여섯 살 청년 미켈란젤로가 완성한 작품이었다.

다음 작품으로 미켈란젤로는 로마의 시스티나 성당 천장에 세계최대의 벽화를 완성했다. 1508년 교황 율리우스 2세의 명을 받아 미켈란젤로는 예배당 천장에 창세기 9장면을 구현한다. 구약성서를 소재로 〈천지창조〉, 〈인간의 타락〉, 〈노아 이야기〉를 3장 9화면으로 구성하여 1512년에 완성된다. 우리나라에서는 〈천지창조〉라는 이름으로 알려졌다. 이 천장화는 길이 41.2미터, 너비 13.2미터의 웅장한 크기를 자랑한다. 이 역작은 미켈란젤로라는 천재가 4년 동안 20미터의 높은 천장에 거꾸로 매달려 이루어낸, 이른바 '천지창조'이다.

미켈란젤로는 턱이 배에 닿을 만큼 웅크린 채 작업을 계속하여 온몸에 종기가 돋고, 천장을 바라보며 거꾸로 누워 그림을 그리다가 얼굴에 물감을 쏟은 적이 한 두 번이 아니었다. 더구나 프레스코화법을 사용하여 회벽의 물기가 채 마르기 전에 그림을 그려야 하는 작업이었다. 뿐만 아니라 9개의 화면 사이에는 343명의 천사, 예언자, 역사를 그려 넣어 다양한 인간군상을 표현했다. 더 놀라운 사실은 그 많은 등장인물 가운데 엑스트라는 단 한 명도 없다는 사실이다. 혹독한 작업으로 말미암아 미켈란젤로는 작품을 완성한 뒤 허리와 목, 눈 등이 뒤틀리는 병을 앓게 되었다고 한다.

미켈란젤로의 작품의 수는 그다지 많지 않다. 그러나 위에서 살펴본 작품만 하더라도 한 작품에 최소한 3년에서 5년이라는 시간과 땀을 쏟았다는 사실을 알 수 있다. 무엇이 천재로 하여금 이렇게 하나의 작품에 온몸을 불사르게 했을까? 그 대답은 위대한 천장화의 한 부분에서 찾을 수 있을 것 같다. 바로 아담과 이브의 창조를 그린 두 번째 장이다. 그 둘째 장의 첫째 패널에 나오는 '아담의 창조'를 보라. 신이 인간을 창조하여 생명을 불어넣는 장면이다. 하느님이 아담에게 팔을 펼쳐 손가락 끝을 맞대며 생명을 불어넣고 있다.

바로 이 장면이 미켈란젤로가 그토록 오랫동안 온몸과 마음을 바처 그려내고자 했던 상징적 장면이 아닌가 싶다. 이 순간 미켈란젤로라는 한 천재는 신의 명령을 성실하게 수행하여 말 그대로 '천지창조'를 하고 있었던 것이다. 한 천재가 천지창조에 동참하여 몰입하는 것은 예술가가 신의 의식으로 살아가는 것이다. 이 지상에 천국의 모습을 구현하려는 작가의 위대한 정신은 이토록 뜨거운 신념과 열정을 낳는다. 결국 작품에 혼을 불어넣는 것은 신념과 열정이다. 그 결과는 불후의 작품으로 세상에 남게 되었다. 훗날 우리가 그 불후의 작품 앞에 고개 숙이는 것은 바로 위대한 정신에 대한 공감 때문이다.

워즈워스처럼
순수함을 회복하라

·

·

🦋아이는 어른의
　아버지다

윌리엄 워즈워스의 '무지개'라는 시에 나오는 한 구절이다.

"아이는 어른의 아버지다."

이 한 마디는 과히 혁명적인 선언이다. '자연으로 돌아가 아이의 순수함을 회복하라'는 영국 낭만주의 문학의 핵심사상이다. 이성과 합리주의를 강조하는 신고전주의 문학에 대한 저항이기도 하다. 기존의 생각을 송두리째 흔드는 한 천재의 문학사상을 잘 드러내는 역설이다.

〈무지개〉

하늘의 무지개를 보노라면
내 가슴은 뛰노라
어린 시절에도 그러했고
나이 든 지금도 그러하고
늙어서도 그러하리라
아니면 차라리 죽음을 택하겠노라
어린이는 어른의 아버지
원하노니 나의 하루하루가
자연에 대한 경건한 마음으로 이어지기를!

시인이 말하고자 하는 메시지는 바로 '자연과의 교감'이다. 하늘에 떠 있는 아름다운 무지개를 보면 가슴이 뛰는 것이 정상이다. 우리는 어릴 때 비 갠 하늘에 떠 있는 무지개를 쫓아가며 하늘을 훨훨 날았다. 형형색색의 무지개를 잡으러 달려갈수록 무지개는 더 멀리 사라졌다. 하지만 우리는 즐거웠다. 무지개는 하늘과 땅을 이어주었다. 우리는 그 무지개를 타고 하늘을 날 수 있었다. 우리의 마음속에서 무지개는 바로 하늘과 땅을 잇는 징검다리였다. 하지만 나이가 들면서 우리의 마음은 그 아름다운 광경 앞에서도 시들해질 수 있다. 시인은 자연과의 소통이 끊어진 이런 삶은 이미 죽음이나 마찬가지라고 했다.

자연과 교감할 수 있는 사람은 마음이 순수한 자이다. 마음이 순수한 자는 생명이 가득하여 모든 것이 물 흐르듯 소통이 잘된다. 그러나 마음에 때가 끼면 사물을 있는 그대로 보지 못하고 소통하지 못한다. 이것은 바로 마음의 죽음이다. 무지개와 즐겁게 소통하는 어린이는 마음이 순수하다. 온 세상에 널리 퍼져 있는 신과 대화할 수 있는 자는 어린이다. 그러나 어른이 될수록 마음에 때가 묻으면 자연과 소통할 수 없다. 마음의 순수함을 잃은 것이다.

여기서 시인은 '어린이는 어른의 아버지'라고 선언한다.

어른이 오히려 어린이의 순수한 마음을 본받아야 한다는 뜻이다. 그래서 시인은 간절히 기도한다. 부디 죽는 날까지 아이의 순수함을 지닐 수 있기를! 자연 속에서 신성을 발견하고 그 자연에 대한 경건한 마음을 끝까지 지닐 수 있기를! 하늘의 무지개를 보노라면 내 가슴은 뛰노라. 이처럼 내가 무지개와 소통하여 하나가 되면 무지개 속에 신을 만날 수도 있는 것이다. 무지개를 통해서 신을 만날 수 있는 워즈워스가 천재 시인이다.

워즈워스는 영국을 대표하는 낭만주의 계관시인이다. 계관시인이란 그 나라가 가장 자랑하는 시인에게 내리는 문학적 월계관이다. 영국의 낭만주의 문학은 워즈워스로부터 본격적으로 시작된다. 그는 1798년에 《서정담 시집(Lyrical Ballads)》을 발표하여 낭만주의 시 정신을 잘 표현했다. 그는 시인에게 가장 필요한 것은 직관과 상상력이

라고 했다. 이성과 합리주의를 중시하는 신고전주의 정신을 뒤집는
혁명적 발상이다.

영국에서 워즈워스가 낭만주의 나팔을 분 것은 르네상스의 고전
적 전통을 깨트리는 일이었다. 워즈워스 덕분에 영국은 문학에서 제
목소리를 내기 시작한다. 18세기 전반까지 유럽의 문학은 한마디로
로마의 고전적 권위주의에 꽁꽁 묶여 있었다. 18세기가 되어 유럽 각
국들은 비로소 자기 언어로 노래하기 시작한다. 이것이 바로 '낭만주
의'의 출발이다. 낭만주의라는 용어도 원래 옛 프랑스 말 'romans'인
데 그 뜻은 '토속적인 방언'이다. 라틴어가 아닌 각 나라의 토속어로
이루어진 문학이 낭만주의 문학의 시초다. 유럽에 낭만주의가 시작되
어 다양한 목소리가 터져 나온다는 것은 각국의 문학적 독립을 의미
한다. 이런 점에서 워즈워스는 문학의 개성화, 민주화를 불러온 인물
이라 할 수 있다.

워즈워스는 "시란 강렬한 감정이 저절로 흘러넘치는 것"이라고 했
다. 낭만주의 시인들은 자신의 내면에 숨어 있는 감정들을 자연스럽
게 쏟아내기 시작한다. 이들은 특히 상상력을 중시했다. 상상의 세계
가 현실보다 오히려 더 현실적이며 창조적이라고 주장한다. 낭만주의
자들은 일상적인 소재를 택하지만 상상의 날개를 달고 또 다른 세계
를 창조한다. 이들의 시 세계는 종종 초현실적이거나 매우 신비롭고
이국적인 색채를 띤다. 이들은 자신의 감정에 충실하고 상상력을 발

동하여 내면에 숨어 있는 무한한 가능성을 일깨운다. 낭만주의자들은 가장 천재적이며, 창조적인 예술가들이라고 할 수 있다.

자연의 소리에 귀를 기울여라

낭만주의자들이 신비롭고 새로운 세계를 창조할 수 있었던 것은 바로 순수한 마음 때문이다. 자연과의 교감을 생명처럼 중시한 것은 인간의 본성을 회복하려는 몸부림이었다. 우리의 본성은 맑고 깨끗한 마음이다. 그 순수함으로 내면의 소리를 듣고, 감성에 호소하여 독특한 개성을 표출하는 것이 낭만주의의 특성이다. 그 본래의 순수한 마음은 창조의 원동력이다. 냉혹한 이성보다 따뜻한 감성에 호소하고 순수한 마음으로 창조한 문학세계는 독자들의 마음을 감동시킨다. 낭만주의자들의 시를 읽으면 가슴이 설레고, 새로운 창조의 에너지를 느끼며, 때론 고요함 속에서 아득한 신비를 체험하게 되는 이유다.

지식 정보가 넘쳐나는 21세기를 살아가는 우리에게 가장 필요한 것이 무엇인가? 그 해답을 낭만주의자들에게 들을 수 있다. 바로 '순수한 감성의 회복'이다. 우리는 엄청난 지식 정보 덕분에 인류역사상 가장 물질적으로 편리하고 풍요로운 시대를 살고 있다. 그러면서도 우리는 오늘도 좀 더 많은 파이를 취하려고 끊임없이 허기에 빠져 있다. 물질적 허기는 우리를 정신적 공황상태에 빠지게 한다. 우리의 마음에는 한 치의 여유도 없고 무엇인가에 쫓기며 치열한 경쟁을 하며 산다. 어른들만 그런 것이 아니다. 우리 학생들에게 '자신을 가장 행복하게 해줄 것은 무엇인가'라고 물으면 단연 1위는 돈이다. 대답에 전혀 망설임이 없다.

아이들이든 어른이든 우리의 마음은 온통 물질로 가득 차 있다. 이러한 상황에서 하늘에 떠 있는 아름다운 무지개가 우리 눈에 들어올까? 대답이 아득하다. 오늘도 우리는 하늘에서 돈벼락이 떨어지기를 기대하며 복권을 산다. 하늘에서 우리가 보는 것은 아름다운 무지개가 아니라 아름다운 지폐일지도 모른다. 물질에 허덕이는 이 마음의 허기는 채워도 채워지지 않는 밑 빠진 독이다. 물론 경제적 불평등 구조로 인해 절대적 빈곤 속에 사람들도 많다. 이들에게 필요한 것은 당연히 소중한 생필품이다. 그러나 대다수 절대적 빈곤에서 벗어난 우리가 추구하는 것이 무엇인가를 보라. 그리고 엄청난 부자들이 오히려 더 광포하게 갈구하는 저 물질적 허기를 보라. 우리를 행복하게 하는 것이 과연 하늘의 지폐일까? 하늘의 무지개일까?

무지개를 바라보면서 행복해하는 천재시인은 우리에게 말한다. "자연으로 돌아가라. 그 자연은 당신의 바쁜 마음을 쉬게 하리라. 그 큰 쉼 속에서 당신은 엄청난 에너지를 얻게 되리라."
하늘의 무지개를 보고 잠시 모든 근심 걱정에서 벗어나보라. 고요한 마음으로 자연의 속삭임에 귀 기울여보라. 이것만으로도 큰 휴식을 얻을 것이다. 본래의 순수한 마음으로 돌아가서 자연과 소통하며 기뻐하라. 이런 아이와 같은 마음상태가 되면 작은 일에도 행복해질 수 있다. 이것이 행복의 비결이고 진정한 힐링이다. 이러한 치유는 감성의 회복에서 가능하다. 우리는 그 치유의 한 방법으로 낭만주의를 주목하는 것이다.

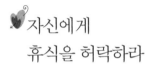

자신에게 휴식을 허락하라

우리나라 학생들과 서구 학생들의 공부하는 모습을 비교할 때 크게 대조되는 점이 있다. 바로 공부하는 리듬이다. 우리나라 학생들은 주말에도 마음 놓고 쉬지 못한다. 주변의 눈치 때문이다. 나는 호주에서 유학하던 시절과 캐나다에서 연수하던 시절에 그 나라 학생들의 생활리듬을 자세히 살펴본 적이 있다. 학생들은 월요일에서 금요일까지는 정말 코피 나게 공부한다. 그러나 주말이 되면 모든 것을 다 놓아버린다. 스스로에게 휴식을 허락한다. 우리는 주말의 휴식을 낭비라고 생각하지만 그들은 새로운 에너지를 얻는 시간으로 본다.

모든 것은 비워야 채울 수 있다. 비울 때 새로운 에너지가 들어올 수가 있다. 영어로 '휴가(vacation)'는 원래 '비움'이라는 뜻이다. 잠시 일상으로부터 벗어나는 것은 새로운 창조를 낳는다. 나는 담임을 맡으면 학부모와 첫 간담회를 하는 날에 제일 먼저 당부하는 말이 있다.

"주말에는 절대 아이를 간섭하지 마세요."

아이들에게도 말한다.

"주중에는 코피 나게 공부하라. 주말에는 부모님의 간섭에서 자유로울 수 있도록 행동해라."

청소년은 주말에 마음껏 자신의 시간을 즐겨야 한다. 그들은 성인으로 성장해가는 단계에 있다. 어른이 된다는 것은 자신의 행동에 책임을 질줄 안다는 의미다.

가능하면 주말에는 도시의 빌딩숲을 벗어나보라. 가까운 들판과 산, 그리고 바다로 나가 계절의 변화를 마음껏 맛보라. 낭만주의자들이 대자연 속에서 뛰놀고 휴식하고 명상하면서 호연지기를 키운 것처럼 말이다. 친구들과 야외로 나가서 하이킹도 하고, 캠핑텐트를 치고 밤새도록 이야기도 나누어보라. 한밤에 텐트 밖으로 잠시 나서보라. 칠흑같이 어두운 숲을 배경으로 온 하늘에 펼쳐지는 별들의 파노라마를 우러러보라. 잠시 우리 은하계에서 쏟아져 내리는 별빛에 온 몸을 맡겨보라. 지난해 여름방학 때 내가 유럽을 자동차여행하면서 가장 부러웠던 것이 바로 이런 풍경이다. 유럽 사람들은 캠핑을 자주 마음껏 즐긴다. 자연과 교감하는 자는 마음이 저절로 선해진다. 그것이 본래 우리의 본성이기 때문이다.

🦋 낭만주의 천재들에게서 배우라

오늘날 우리는 지식정보화시대를 너머 인공지능시대에 접어들었다. 인공지능을 갖춘 로봇에게 인간이 지배당하지 않을까 걱정하는 사람들도 있다. 문제는 우리의 마음이다. 우리는 기계에 지배당하여 노예가 될 수도 있고, 인공지능을 잘 사용하여 더욱 풍요로운 삶을 누릴 수도 있다. 그것은 우리 의식의 크기가 말해줄 것이다. 그 의식의 확장을 우리는 낭만주의 천재들의 생각에서 배울 수 있다.

앞서 우리는 들꽃 한 송이에서 천국을 보는 윌리엄 블레이크에게서 상상력의 힘을 보았다. 상상력으로 의식을 무한대로 키워 한 알의 모래로도 이 세상을 볼 수가 있다. 들꽃 한 송이로 천국의 모습을 볼 수 있는 자는 이미 의식이 시공간을 초월했다. 우리의 본래 의식과 마음만으로도 꽃 한 송이에서 천국을 볼 수 있다. 우리의 의식은 원래 이렇게 거대한 것이다. 의식이 이렇게 넓어지면 우리는 인공지능을 자유자재로 부려 쓸 수가 있다. 이럴 때 인공지능보다 더 편리한 이기가 어디 있겠는가.

나아가 낭만주의자들처럼 자연과의 교감을 통하여 감성을 회복해 보라. 그러면 행복은 작은 일상 속에서도 지천으로 널려 있음을 깨달을 것이다. 기존의 자기 생각을 버리고 자기를 부정하면 자신은 날마다 새로워질 수 있다. 낭만주의자들은 기존의 신고전주의 사상을 부정했다. 거기에서 새로운 낭만주의 세상이 건설되었다. 기존 질서를 과감하게 부술 수 있는 용기와 발상의 전환으로 신세계를 창조한 것이다. 이것이 창의력이다. 자신에게 휴식을 허락하는 마음의 여유가 있으면 우리는 자연의 큰 기상을 온몸으로 받아들일 수가 있다. 이렇게 자연과 하나가 될 때 우리의 의식은 넓어지고 편안해지며 새로워질 수 있다. 이것이 바로 우리가 꿈꾸는 행복한 천재의 모습이다.

더크워스처럼
그릿을 길러라

·

·

범재가 천재된
이야기

안젤라 리 더크워스(Angela Lee Duckworth)는 2013년에 맥아더 상(MacArthur Fellowship)을 수상했다. 맥아더 재단은 해마다 각 분야에서 탁월한 성과를 낸 사람을 선정하여 이 상을 수여한다. 이 상은 일명 '천재들의 상(Genius Grant)'이라고 불린다. 그녀는 저서《그릿(Grit)》의 서문에서 평범했던 자신이 어떻게 천재들에게 주는 상을 받게 되었는지를 설명한다. 이 책은 평범한 사람도 타고난 재능이 아니라 노력으로 얼마든지 천재가 될 수 있음을 보여준다. 이 책에서 그녀는 천재는 타고난다는 기존의 환상을 깨트린다. 그리고 자신의 삶을 통하여 평범한 사람도 열정과 끈기만 있으면 천재가 될 수 있음을 증명하고 있다.

그녀가 천재들에게 주는 상을 받은 이유도 흥미롭다. 그녀는 천재가 아닌 사람이 스스로 '무엇이 천재를 만드는가?'를 끈질기게 연구하여 천재로 인정받은 사람이다. 그녀는 '성공은 타고난 재능보다 열정과 끈기에 달렸다'는 사실을 밝혀내어 천재로 인정받았다. 결국 자신이 연구한 주제를 자신의 삶으로 입증한 셈이다. 어린 시절 더크워스는 아버지로부터 천재가 아니라는 말을 계속 들으며 자랐다. 그랬던 그녀가 '천재의 상'을 받고서 가장 먼저 생각난 것은 어릴 적에 아버지에게 들었던 말이었다. 그녀는 천재상을 수상하던 날 아버지에게 꼭 이렇게 말하고 싶었다고 한다. "아버지, 길게 보면 재능보다 끝까지 하겠다는 집념이 더 중요할지 몰라요."

더크워스는 우리에게 성공은 '절대 포기하지 않는 태도'에 있다고 주장한다. 성공한 사람들은 어떻게 그토록 끈질기게 자신의 일에 몰두할 수 있을까? 그녀는 두 가지 특성을 들었다. 하나는 '야망'이다. 성공한 사람들은 사실상 달성이 불가능해 보일 만큼 큰 야망을 품는다. 거대한 야망 앞에 선 자신의 모습은 늘 부족해 보인다. 그럼에도 그들은 자신이 매우 중요한 일을 한다고 생각하며 그 과정을 즐긴다. 이것이 바로 천재의 정신이다. 또 하나는 '결단력'이다. 그들은 자신이 원하는 바가 무엇인지 깊이 이해한다. 스스로 목표를 결정하고 그것을 실행한다. 그 과정에서 실패해도 그들은 다시 일어서고 부지런

176

히 행동한다. 천재들이 가진 특별한 점을 한마디로 정리하면 바로 '열정과 결합된 끈기'이다. 그들에게는 바로 그릿(grit)이 있다.

안젤라 더크워스는 《그릿》에서 지금까지 천재에 대한 사람들의 관념을 깨트린다. 천재를 만드는 것은 천부적 재능이나 지능이 아니라 '열정적인 끈기의 힘'이라고 주장한다. 이 열정과 끈기의 힘이 바로 그릿이다. 이 책이 출간되었을 때 사람들은 일제히 찬사를 쏟아냈다. 더크워스가 천재에 대한 정의를 새롭게 했다는 점은 높이 평가받았다. 즉 천재는 큰 노력 없이 특별한 재능으로 위대한 업적을 이루어낸 사람이 아니라, 조금씩 꾸준하게 탁월성을 추구하는 사람이다. 더크워스는 누구라도 열정을 느끼는 일에 헌신하면 진정한 성공을 얻을 수 있다는 것을 과학적으로 증명했다. 사람들에게는 신선한 충격이었을 것이다.

천재성과 천재성 발휘는 다르다

우리는 누구나 타고난 소질이 있고, 각자 고유한 재능을 가지고 있다. 누구에게나 잠재력이 있다. 그러나 잠재력과 그 잠재력을 발휘하는 것과는 큰 차이가 있다. 하버드대학교 심리학자 윌리엄 제임스(William James)는 이 점을 매우 안타까워한다. "인간의 잠재력에 비하면 우리는 반쯤 졸고 있는 거나 마찬가지다. 불은 사위어 가는데 공기구멍은 거의 닫혀 있는 상태와 같다고나 할까. 우리는 우리가 가진 정신적, 신체적 능력의 아주 일부분만 활용하고 있다."

제임스는 우리 대부분이 재능을 잠재우고 있다고 했다. "일반적으로 개개인은 자기 한계에 훨씬 못 미치는 삶을 산다. 인간은 다양한 능력을 지니고 있으면서도 이를 활용하지 못한다. 최대치 이하의 열의를 보이고 최고치 이하로 행동한다." 나는 이 말에 전적으로 동의한다. 동시에 나는 이런 질문을 던지고 싶다.

"왜 우리는 자신의 잠재력을 깨우지 못하는 것일까?"

나의 책은 바로 이 물음에 대한 답을 제시하고자 기획되었다. 천재에 대한 잘못된 생각 때문에 우리는 잠재력을 깨우지 못하고 있다. '천재는 아무나 되나?' 많은 사람들은 이렇게 생각한다. 천재는 따로 있다고 생각한다. 천재는 특별한 재능이 있어야 가능하다고 생각한다. 그러니 천재는 나하고는 아무 상관없는 일이 되고 만다. 지금까지 우리 부모들은 이런 '재능신화'를 믿고 살아왔다. 우리나라에서 천재들의 탄생이 적은 이유는 이 엄청난 재능신화 때문에 자녀들은 주눅들어 스스로 절망한 탓이 크다.

우리가 재능신화를 버려야 하는 가장 큰 이유가 바로 여기에 있다. 그렇다고 재능이 필요 없다고 말하려는 것은 아니다. 오히려 정반대이다. 우리가 버려야 할 것은 재능이 아니라 재능신화이다. 우리는 잠재적 능력을 이미 부모로부터 물려받았다. 누구에게나 재능은 존재한다. 다만 그 재능의 종류가 다를 뿐이다. 중요한 것은 우리에게 주어진 고유한 재능을 소중하게 생각하는 것이다. 재능은 특별한 천재들만의 전유물이 아니다. 우리 모두의 것이다.

재능에 절대 기죽지 마라

우리가 잠재능력을 깨우지 못하는 또 다른 이유는 더크워스의 다음 질문 속에 있다. 그녀는 이런 질문을 던진다. "왜 노력형보다 재능형에 관심을 두는 것이 그렇게 나쁜 일인가?" 예컨대 〈아메리카 갓 탤런트〉, 〈더 엑스 팩터〉, 〈차일드 지니어스〉와 같은 영재 오디션이나 경연 프로그램의 부정적인 면은 무엇인가? 어린아이들을 소수의 '영재'와 다수의 '영재 아닌 아이들'로 나누면 안 되는 이유는 무엇인가? 탤런트 쇼처럼 재능을 겨루는 행사들은 얼마나 유해한가? 그녀는 스스로 이렇게 답했다. "재능만 집중 조명함으로써 나머지 모두를 가릴 위험이 있기 때문이다. 우리가 그릿을 비롯한 다른 요인들이 실제보다 중요하지 않다는 메시지를 은연중에 보낼 수도 있다."

우리나라에도 〈장학퀴즈〉, 〈도전 골든벨〉, 〈우리말 겨루기〉를 비롯하여 〈K팝스타〉, 〈슈퍼스타 K〉, 〈스타오디션: 위대한 탄생〉, 〈히든 싱어〉 등 다양한 재능을 선발하는 많은 프로그램이 방송되었다. 청소년들에게 자신의 재능을 테스트할 수 있는 장을 제공하고 최고 정상이라는 목표를 향해 도전하게 한다는 점에서 이 프로그램들은 큰 의미가 있다. 그러나 이러한 프로그램들이 갖는 유해성은 없는가? 더크워스의 우려대로 청소년들에게 재능에만 집착하는 자세를 심어줄 수 있다.

그보다 더 큰 문제가 있다. 이러한 재능선발 프로그램들은 대부분 치열한 경쟁을 통하여 치러진다. 그 결과 극소수의 승자와 절대 다수의 패자로 나누어진다. 많은 패자들은 '타고난 재능 앞에는 당할 수가 없구나!' 하는 생각을 할 수도 있다. 그럼에도 오늘날 많은 청소년들이 이러한 오디션 프로그램에 불나방들처럼 뛰어들고 있다. 그곳에서 패배한 많은 아이들이 자신의 다른 잠재력까지 부정할 수도 있다. 한 번의 패배로 자신의 천재성을 영원히 잃어버릴 수 있는 것이다. 이것이 가장 걱정되는 점이다. 마치 불꽃을 보고 뛰어든 나방이 한 번의 도전으로 타 죽어버리는 경우와 같다.

청소년들이여, 남들이 보이는 재능에 너무 기죽지 마라. 그대에게는 분명 그대만의 재능이 있다. 다만 그 싹은 돋아날 때를 기다리고 있을 뿐이다. 무엇보다 그 천재성을 어떻게 발견하고 발휘할 것인지에 더 큰 관심을 가져라. 혹시 지금 그대의 재능을 발견하지 못했다고 해서 절망할 필요는 없다. 더크워스는 재능보다 두 배 더 중요한 노력이 있다고 위로하지 않는가. 대신 그대는 노력을 할 마음만 있으면 된다.

4

천재성을 여는
일곱 개의 열쇠

"모든 사람은 천재성을 갖고 태어나지만,
대부분의 사람은 그것을 단지 몇 분 동안만 유지한다."

– 에드가 바레즈(Edgard Varése) –

일체를
수용하게 하라

世상에서
가장 위대한 것은?

———

세상에서 가장 위대한 것은 무엇일까? 일체를 수용할 수 있는 마음이다. 위대한 사람은 무엇이 위대하다는 말인가? 모든 것을 있는 그대로 받아들일 수 있는 마음이다. 이것만 가능하다면 당신은 이미 위대한 존재이다. 세상의 성인들이 추구했던 것이 바로 이것이다. 우리의 모든 갈등은 다름을 받아들이지 못하는 데서 시작된다. 세상 곳곳에는 정치, 종교, 사상의 다름을 인정하지 않아 오늘도 많은 갈등이 일어나고 있다. 부부간에도, 부모와 자식 사이에도, 형제간에도 그리고 친구 사이에도 다툼은 끊이지 않는다. 갈등은 서로 다른 생각을 존중하고 인정하지 못하는 데에서 비롯된다. 이 모든 갈등을 한 방에 끝낼 수 있는 비결이 바로 수용하는 마음이다.

어떻게 하면 모든 것을 다 수용할 수 있을까? 의식의 확장이다. 하늘만큼 큰 의식을 가지면 된다. 아이의 의식을 어떻게 넓힐 수 있는가? 간단하다. 어릴 때부터 자신이 누구인가를 분명하게 인식하게 하면 된다.

"당신은 원래 천재다."

이것만 진심으로 믿으면 아이의 의식은 무한대로 넓혀질 것이다. 무한대로 큰 의식은 바로 신의 의식이다. 인간의 마음이 곧 하늘의 마음이다. 이것은 마치 연금술과도 같다. 사람들은 연금술을 값싼 납으로 귀중한 금을 만드는 화학기술이라고 생각한다. 그러나 이러한 표현은 하나의 '은유'에 지나지 않는다. 인간의 어리석은 마음을 깨우쳐 내면의 신성을 보게 하는 것이 연금술의 진정한 목적이다.

연금술사 헤르메스 트리스메기스토스(Hermēs Trismegistos)는 외친다.

"너희는 바로 신임을 모르느냐?"

헤르메스는 21세기를 살아가는 우리에게 외친다.

"당신이 곧 신이다. 당신 자신은 바로 신과 같이 고귀한 존재이다. 당신은 이미 모든 것을 다 가진 존재이다. 당신 속에는 무한한 잠재력이 숨어 있다."

이 사실을 깨달으면 당신은 더 이상 귀금속을 찾아서 헤매지 않아도 된다. 당신이 곧 귀중한 금과 같은 존재이니까. 내 안의 신성을 발견하는 것이 진정한 연금술이다. 내가 곧 신임을 아는 것이 인생 최대의 행운이다.

마음은 천재성을 폭발시킬 점화장치다

천재의 제1조건은 바로 자신의 발견이다. '나는 누구인가?' 이 물음에 스스로 답을 해보라.

'나는 하늘만큼 큰마음을 가진 존재다. 나는 신의 의식을 가졌다.'

이렇게 답을 할 수 있는 사람은 이미 천재이다. 자신이 곧 천재임을 발견한 것이다. 이것이 세상에서 가장 위대한 발견이다. 이때 신의 의식이란 일체의 종교와 관련이 없다. 우리의 '본래 마음'을 뜻한다. 이 본래 마음은 무한대로 크고 넓고 순수하다. 이것을 되찾는 것이 천재의 발견이다.

이 넓고 큰 순수한 마음에서 모든 것이 나온다. 이것은 당신의 천재성을 폭발시킬 점화장치와도 같다. 우선 마음이 넓어야 본래 자신이 누구인가를 알 수 있다. 그 자신을 알아야 내 속에 큰 재능이 숨어 있음을 발견할 수 있다. 나아가서 마음이 크면 사물을 전체적으로 볼 수 있다. 전체적으로 조망하는 눈은 새로운 발견을 가능케 한다. 마음이 넓어야 서로 다른 것들을 품어 안을 수 있는 역량이 생긴다. 또한 마음이 순수해야 사물을 새롭게 볼 수 있다. 그 새로운 안목에서 창의성이 나오는 것이다.

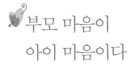부모 마음이
아이 마음이다

아이에게 남길 수 있는 최고의 유산은 무엇일까? 바로 천재의 마음가짐을 물려주는 것이다. 넓고 큰 마음은 우리의 본래 의식이다. 우리가 이것을 모르는 것은 각자의 작은 마음 세계에 갇혀 살기 때문이다. 여기서 우리의 마음 세계는 어떻게 만들어지는가를 이해할 필요가 있다. 각자의 마음 세계는 두 가지로 되어 있다. 하나는 부모로부터 물려받은 마음이고, 또 하나는 태어나서부터 스스로 만든 마음이다. 즉 선천적 마음과 후천적 마음이 결합된 것이다.

선천적으로 물려받은 마음부터 살펴보자. 부모가 낳은 아이의 세포 속에는 수많은 유전 정보들이 담겨 있다. 유전 정보는 생물이 자신과 동일한 것을 복제하기 위하여 양친에서 자식으로, 또는 각각의 세포 분열마다 세포에서 세포로 전달되는 정보이다. 이 유전 정보 속에는 물질 정보뿐만 아니라 마음 정보도 포함되어 있다. 수십조 개의 세포들은 부모의 마음을 기억하고 있다. 부모의 특이한 행동이나 버릇을 자녀가 그대로 하는 경우가 있다. 부모의 마음을 물려받았음을 보여주는 증거들이다.

세상에 태어난 이후에 생긴 마음도 있다. 삶의 경험을 통해서 얻는 마음이다. 인간은 오감을 통해서 경험한 것을 마음에 축적한다. 예컨 대 어릴 때 엄마의 젖을 빨며 느꼈던 달착지근한 맛을, 엄마 품에 안겨서 만지던 젖가슴의 감촉을, 엄마가 자신을 안고서 바라보던 그윽한 눈길을, 엄마가 흥얼거리던 자장가 소리를, 자라서 엄마가 끓여주시던 구수한 된장국 냄새를 우리는 지금도 기억하고 있다. 오감으로 저장된 기억들은 사진과도 같다. 이 기억 속의 사진에는 감정까지 묻어 있다.

예컨대 어릴 때 아빠가 술 마시고 들어오면 늘 우리를 혼내고 꾸지람하며, 엄마를 때린 기억이 있다고 하자. 그러면 지금 우리가 아빠를 떠올리면 단순히 얼굴만 떠오르는 것이 아니라 그때 느꼈던 '공포감'까지 함께 떠오른다. 이것이 바로 후생적 마음이다. 이 두 가지 마음이 합쳐져서 우리의 의식과 무의식 세계를 지배한다. 우리의 마음은 이 저장된 프로그램에 의해 작동이 된다. 이 마음 소프트웨어가 우리의 행동을 이끌고 있다.

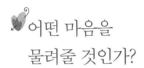

어떤 마음을 물려줄 것인가?

아이는 엄마의 뱃속에서부터 태어난 이후 성장과정을 부모와 함께하면서 마음을 고스란히 물려받는다. 부모가 자녀에게 줄 수 있는 최고의 선물은 무엇일까? 그것은 단연코 자녀에게 순수한 마음을 물려주는 것이다.

이것은 어떻게 가능할까? 부모가 먼저 자신의 마음 청소를 하면 된다. 우리 선조들은 오랫동안 마음 청소를 해오던 전통이 있었다. 이른바 '망년회(忘年會)'다. 망년회는 오늘날처럼 시끄럽게 술 마시고 회식하는 행사가 아니었다. 한 해의 끝자락에서 조용한 곳에 자리하고 한 해를 돌아보며 그동안 묵은 마음들을 깨끗이 씻어버리는 정화의 식이다. 1년간 저장된 마음프로그램을 한 번에 비우는 우리의 지혜로운 정신문화 전통이다. 비워야 비로소 새것이 들어올 수 있다.

요즘은 간단한 명상으로도 마음을 청소할 수 있다. 자신의 좁은 마음 세계를 벗어나 본성을 회복하는 프로그램들도 많다. 또한 심리학의 힘을 빌릴 수도 있다. 요즘 심리학의 수준도 비약적으로 발전하여 일반인들도 정신세계에 대한 탐색이 매우 쉬워졌다. 어떤 형태로든 자신의 좁고 때 묻은 마음에서 빠져나오는 것이 핵심이다. 우리의 넓고 큰 순수한 본래 마음을 회복하면 된다.

순수한 마음을 갖는 것은 우선 부모 자신에게 가장 이롭다. 특히 이러한 마음 청소는 출산을 앞둔 미래 부모에게는 최고의 태교이다. 아기를 갖기 전에 부모 마음이 깨끗하면 순수한 마음을 그대로 물려줄 수 있기 때문이다. 낙서 없는 부모의 깨끗한 마음 밭을 물려주는 것은 아이에게 최고의 선물이다.

매일매일 마음을 청소하라. 괴로운 마음들을 간단하게 블랙홀에 던져버려라. 마음으로 저장된 것은 마음으로 버릴 수 있다. 이것을 내 마음만 인정하면 실제로 버려진다. 그러면 당신은 매일 새롭게 깨어날 수 있다. 이게 바로 일신우일신(日新又日新)이다. 세상이 바뀌지 않아도 내 마음만 바뀌면 세상은 다르게 보일 것이다. 순수한 본래 마음으로 다시 깨어나 당신의 자녀를 보라. 아이가 전혀 다르게 보일 수도 있다. 전에는 보지 못했던 새로운 점을 발견하게 될 것이다. 이것이 마음의 기적이다. 아이의 겉모습을 보는 것이 아니라 본성을 보기 때문이다.

이것이 아이에게 천재의 마음을 물려주는 것이다. 아이는 내 몸을 빌어서 세상에 났으되 더 이상 내 것이 아니다. 아이는 세상의 아이다. 당신은 아이가 존재만으로도 위대하다는 것을 알게 될 것이다. 부모의 집착이 끊어진 것이다. 이때 비로소 아이를 있는 그대로 볼 수 있게 된다. 그러나 마음 청소를 반복하지 않으면 금방 집착이 생긴다. 집착이 생기면 자녀를 다시 부속한 존재로 보게 된다. 그러면 꾸시림이 나오고 믿지 못하게 된다. 서로의 악순환이 반복된다.

　당신의 자녀는 이미 천재다. 이것을 믿느냐 믿지 않느냐는 당신의 선택이다. 분명한 것은 당신이 믿는 대로 아이는 성장한다는 사실이다. 오늘 당신은 아이의 마음에 어떤 그림을 그릴 것인가? 천재를 위한 격려의 그림인가, 둔재를 위해 꾸지람하는 그림인가? 자녀의 마음속에 숨어 있는 천재는 당신의 마음에 따라 깨어날 수도 있고, 계속 잠들 수도 있다. 천재는 당신의 마음속에 있다.

거인의 어깨위에
오르게 하라

●
●

🦋 고전은 천재들의
보물 창고다

　세상의 천재들 중 홀로 천재가 된 사람은 아무도 없다. 모두가 위
대한 선배들의 도움으로 난쟁이에서 거인으로 도약한 사람들이다. 이
것을 두고 '거인의 어깨 위에 오른다'고 했다. 선배 거인들의 어깨에
오르는 가장 효과적인 방법은 무엇일까? 거인들이 남긴 위대한 저술
을 읽는 것이다. 세상에 빛을 남긴 이 천재들의 저술을 우리는 '고전'
이라 한다. 고전은 천재 선배들의 생각이 고스란히 담긴 보물 창고다.
책 한 권으로 한 천재의 위대한 사상과 위대한 삶을 고스란히 물려받
을 수 있다. 이보다 효과적인 도움이 어디 있겠는가?

마찬가지로 지금 당신이 본받고자 하는 천재도 그 이전 선배 거인들의 도움으로 큰 것이다. 그러므로 어느 천재의 위대한 고전 속에는 한 사람의 생각이 아니라 인류의 지혜가 몽땅 들어 있다. 고전은 삶의 정수를 모아놓은 위대한 문화유산이다. 인류의 문명이 눈부신 발전을 해온 것은 바로 고전 덕분이다. 당신의 자녀가 천재성을 발휘하려 할 때 이보다 더 좋은 명약이 어디 있겠는가? 당신의 자녀는 이미 천재다. 고전으로 선배 천재들의 어깨를 빌리기만 하면 천재성은 폭발하게 될 것이다.

자녀와 함께 고전을 읽으라. 그리고 함께 토론하라.《기적의 고전 독서법》에서 작가 김병완은 이렇게 말한다.

> 1년만이라도 고전에 미쳐라. 그러면 당신은 최고로 눈부신 인생을 살아갈 수 있을 것이다. 고전을 가까이 하는 자는 결코 망하지 않는다.

저자가 이렇게 고전을 강변하는 이유가 무엇일까? 고전의 진정한 가치는 독자의 의식 확장에 있다. 당신의 생각을 송두리째 바꿀 수 있는 촉매가 될 수 있다. 그 속에는 천재들의 위대한 지혜와 통찰력이 담겨 있기 때문이다. 결국 고전은 당신의 내면에 숨어 있는 위대함을 발견하게 해주는 책이다.

21세기 인재들에게 필요한 것은 더 이상의 지식과 정보가 아니다. 그 재료들을 잘 부려 쓸 수 있는 지혜와 통찰력이다. 삶의 지혜와 통찰은 많은 생각에서 나온다. 고전이 위대한 이유가 바로 여기에 있다. 고전은 당신으로 하여금 끊임없이 생각하게 한다. 마크 트웨인은 "당신에게 가장 필요한 책은 가장 많이 생각하게 하는 책"이라 했다. 고전은 자기계발서와는 다르게 정답이 없다. 고전은 우리로 하여금 깊게 생각하게 하여 한계를 뛰어넘게 한다. 우리의 사고를 크게 도약하게 한다. 그 사고의 대가로 우리는 천재들의 지혜와 통찰을 얻어 스스로 천재성을 실현하게 된다.

그래도 '고전을 왜 읽어야 하는가?' 하고 묻는다면 좀 더 실용적인 대답을 돌려주고 싶다. 단 한 번뿐인 인생을 최고로 살기 위해서다. 중국 송나라의 개혁가 왕안석은 후배들에게 이런 말로 학문을 권했다.

가난한 자는 책으로 부유해지고 부유한 자는 책으로 귀해진다.

당신을 진짜 보물로 만들어주는 것은 바로 고전이라는 말이다. 고전 독서는 평범한 사람이 비범한 존재로 도약할 수 있는 최고의 방법이다.

우리나라의 천재 율곡 이이는 《격몽요결(擊蒙要訣)》에서 "성인이 쓴 책을 읽어야 성인과 같은 올바른 마음을 지닐 수 있다"고 했다. 고

192

전으로 성인들의 마음을 읽고 그들의 넓고 큰 마음을 배우라는 말이다. 마음 천재가 바로 성인이라는 뜻이다. 율곡 선생이 친모와 계모에게 지극한 마음을 다 할 수 있었던 것도 성인들의 고전 덕분이었다. 고전은 사람이 사람답게 살아가는 방법을 깨우쳐준다. 오늘날 물질적 욕망과 집착으로 캄캄해진 세상에서 고전은 마음의 등불이 될 수 있다. 고전을 읽는 사람은 쉽게 흔들리지 않고 태산처럼 진중한 사람이 되게 한다.

몰개성 학교 대신 도서관으로 보내라

우리는 너무 오랫동안 아이들을 오직 명문학교 진학만을 위해 키워왔다. 아이들의 노력은 오직 진학 성적으로만 평가받았다. 그 사이에 학교의 수업은 천편일률로 흘러간다. 오직 대학수능시험에 초점을 맞춘다. 단일한 수업에서 똑같은 생각을 하는 붕어빵만 대량으로 찍어내는 모양새다. 몰개성의 전형이다. 오늘도 이런 수업모델은 큰 변함이 없다. 말로는 아이들의 전인적 성장을 도와 21세기 인재양성을 위해 교육해야 한다고 주장한다. 그러나 아직도 우리는 여전히 입시교육의 한복판에 있다. 참으로 안타까운 대한민국의 교실이다.

그 결과 오늘날 많은 아이들은 학교와 공부를 그다지 좋아하지 않는다. 대학수능시험이 끝나는 즉시 교과서와 참고서는 바로 쓰레기가 된다. 좋은 성적으로 명문대에 들어간 학생생마저도 학문의 즐거움을 모른다. 오늘도 많은 아이들은 가능한 한 학교에서 빨리 벗어나고 싶어 한다. 학교에 있는 순간에도 수업의 구경꾼으로 머무는 경우가 많다. 방과 후에 잠시 기쁜 듯이 교문을 나서지만 또다시 학원으로 달려가 긴 강의의 터널 속으로 들어간다.

이 아이들에게 자신의 꿈과 관심사를 묻는 것은 참으로 잔인한 일이다. 잠시라도 아이가 딴생각을 못 하도록 빡빡한 학습 스케줄을 요구하면서 동시에 자녀에게 구체적인 꿈을 물어본다는 것은 이율배반이다. 아이들은 자신을 성찰하며 발견할 시간을 갖지 못하여 꿈을 찾지 못하고 있다. 혹시 당신은 아이가 나아갈 길을 대신 설계하여 제시한 적은 없는가? 오늘날은 부모들의 도움이 지나쳐서 문제인 경우가 더 많다.

아이들은 자신이 직접 하지 않아도 늘 주변에 도와주는 사람이 있다. 이러한 환경에 놓인 아이들은 대부분 학교생활 여러 곳에서 부적응 현상을 보인다. 이들은 교실에서 공부의 주인이 아니라 언제나 손님이 되기 쉽다. 어떤 아이들은 어려서부터 오랫동안 학원수업을 억지로 받다 보니 흥미와 독립심을 완전히 잃기도 한다. 자연히 수업태도가 소극적이고 의욕이 떨어질 수밖에 없다. 굳이 스스로 애써 노력할 필요를 잘 느끼지 못한다. 또한 밤늦도록 학원 강의나 과외수업으로 늦게 귀가

한다. 수면이 부족한 아이들은 대부분 학교에서 엎드려 잔다. 이런 아이들은 공부에 투자한 시간에 비례하여 학업성적은 잘 나오지 않는다. 그러니 아이는 아이대로 지치고 부모는 속이 타기 마련이다.

우리는 언제까지 이런 소모적인 교육을 반복해야 할까? 교사와 부모인 우리 어른들이 답해야 할 문제이다. 나는 우리 교사들에게 말한다.

"아무리 남 탓해도 세상은 바뀌지 않는다. 교실이 변해야 세상이 변한다."

"아무리 정치하는 사람을 욕해도 세상은 바뀌지 않는다. 우리가 가르치는 제자가 바뀔 때 곧 세상 사람이 바뀐다."

이 모든 변화의 시작은 교실이고, 교사가 변혁의 리더가 될 때 학교가 희망이 된다. 학교가 희망일 때 세상에도 변화의 바람이 불 것이다.

동시에 우리 부모들에게 말하고 싶다. 아이들을 제발 자유롭게 놓아서 키워라. 아이들은 당신이 생각하는 것만큼 연약한 존재가 아니다. 아이는 우주의 모든 에너지와 빛을 받고 태어났다. 이 온전한 존재를 당신의 생각으로 불안전하다고 재단하지 말라. 대신 크고 무한한 에너지와 빛을 발산할 기회를 제공하라. 당신의 생각만 살짝 바꾸면 된다.

"나의 아이는 이미 천재구나."

아이는 당신의 믿음만큼만 성장할 것이다.

자, 이런 제안마저 받아들이기 힘들다면 당신은 보다 효과적으로 아이를 도울 방법이 있다. 아이를 더 이상 학교로 보내지 말라. 대신 도시락을 싸서 집 근처의 도서관으로 보내라. 아이를 위해 당신이 할 수 있는 최고의 선택이 될 수 있다.

그리고 하루 종일 놀면서 책 한 권씩만 읽게 하라. 3년이면 최소 천 권이 된다. 고등학교 시절 천 권의 책을 읽으면 모든 게임은 끝난다. 아이는 스스로 무엇을 해야 할 것인가를 분명하게 알게 된다. 이미 거인들의 어깨 위에 올라서 세상을 멀리 내다볼 수 있는 안목이 생긴다. 정신적으로 자립한 아이는 세상 어디에 던져놓아도 잘 살아갈 수 있다. 다른 아이들이 몰개성 학교에서 3년 동안 공부의 구경꾼으로 멍하니 앉아 시간 낭비하는 것보다 백배 효과적인 교육이다. 그리고 3년간의 등록금, 책값, 학원비에 해당하는 돈을 모아 졸업할 무렵에 돌려주어라. 이것은 미래 아이의 꿈을 위한 종자돈이 되고, 경제적 자립을 위한 밑거름이 될 것이다.

책 쓰기로 위대함을 실현하라

당신의 자녀에게 가장 소중한 일은 무엇일까? 두 가지이다. 하나는 '자기 발견'이고, 또 하나는 '행복하게 사는 일'이다. 낭신의 아이가 도서관에서 책을 읽으면 자신이 누구인가를 알게 된다. 위대한 자기를 발견하는 일이다.

'나는 이미 천재이구나.'

특히 고전 독서는 자기 존재를 정확하게 깨닫는 데 도움을 준다. 나아가서 세상을 어떻게 살아가야 하는가를 알게 한다. 이보다 더 훌륭한 교육이 어디 있는가? 그런데 아이들에게 독서를 아무리 강조해도 책 읽기의 즐거움을 모르면 절대 책을 읽지 않는다. 그저 독서하라고 말하기보다 정말 재미있다는 것을 느끼게 해주어야 한다. 때문에 독서하는 것보다 독서방법을 아는 것이 먼저다.

다행스럽게도 최근에는 '책읽기가 얼마나 즐거운가?'를 알려주는 책들이 많이 쏟아져 나왔다. 《48분 기적의 독서법》, 《기적의 인문학 독서법》, 《김병완의 초의식 독서법》, 《기적의 고전 독서법》 등은 독서가 얼마나 즐거울 수 있는가를 잘 보여준다. 이 책들의 두드러진 특징은 독자들로 하여금 가슴을 뛰게 하는 마력이 있다. 저자 김병완의 강렬한 에너지를 곧바로 느낄 수 있다. 저자는 넘치는 열정으로 메시지를 쉽고 간결하게 전달한다. 게다가 하나의 주제를 끊임없이 반복하여 쉬우면서도 유익한 내용을 제시한다. 열정이 흘러넘치고 강렬한 메시지로 독자의 마음을 흔들어 놓는다.

이 강력한 힘은 어디서 나올까? 그것은 저자 자신의 3년에 걸친 미친 독서와 책 쓰기에서 나온다. 저자는 3년에 1만 권의 책을 읽고

60권의 책을 출간했다. 평범한 회사원이었던 그가 내면의 천재를 발견한 것은 바로 독서와 책 쓰기를 통해서였다. 천재는 멀리 있지 않다. 당신과 자녀도 읽기와 쓰기를 통해서 인생을 혁명할 수 있다.

독서가 위대한 자신을 발견하는 행위라면 책 쓰기는 위대한 삶을 실현하는 행위다. 이것을 두고 김병완은 《책쓰기 혁명》에서 "읽기는 인간을 성장시키지만 쓰기는 인생을 혁신하는 일"이라 했다. 책 쓰기를 하면 왜 인생이 달라지는 것일까? 책 쓰기는 내면에 숨어 있는 자신의 장점을 끄집어내준다. 그 결과 책을 출간하게 되면 자신만의 '새로운 콘텐츠'를 갖게 된다. 감성과 창조의 시대에 자신만의 스토리를 갖는다는 것은 큰 자산이다. 이 콘텐츠는 세상과 소통할 수 있는 훌륭한 매체가 될 수 있다. 세상과의 소통은 당신을 한 차원 높은 삶으로 이끌어줄 수 있다. 자신만의 책을 써라. 그것은 자신의 인생을 바꾸고 세상을 바꿀 수도 있다. 독서는 자신이 거인임을 발견하는 일이지만 책 쓰기는 스스로 거인임을 입증하는 일이다.

"우리는 생각보다 훨씬 더 위대한 존재일지 모른다."

가슴 뛰는 일을
찾게 하라

무엇을 선택하게
할 것인가?

　자녀가 지금 진로를 고민하고 있다고 하자. 학교 담임이 당신의 자녀에게 자신이 좋아하는 일을 하라고 한다면 당신은 동의하겠는가? 아마 많이 망설일지도 모른다. 왜 그럴까? 아직도 자신이 좋아하는 일을 하면 현실적으로 손해 본다는 생각 때문일지도 모른다. 자신이 잘하는 일을 하면 정말로 손해 볼까? 이 물음에 명쾌한 답을 제시한 연구 결과가 있다.

　로버트 크리겔(Robert Kriegel)과 루이스 파틀러(Louise Patler)의 실험이다. 이들은 20년에 걸쳐 1,500명을 대상으로 어떤 일을 하는 사람이 백만장자가 되는가를 조사했다. '돈벌이가 좋은 일'을 선택한 A그룹과 '자신이 잘하는 일'을 선택한 B그룹 중에 누가 돈을 많이 벌었을까? 대다수 83%의 사람들은 돈벌이가 좋은 일을 선택했고, 자신이 잘하는 일을 선택한 사람은 겨우 17%밖에 안 되었다. 그러나 20년 후의 결과는 충격적이다. 놀랍게도 A그룹에서는 백만장자가 단 1명뿐이었고, B그룹에서 100명이나 나왔다. 이 실험은 "자신이 좋아하는 일을 하면 성공은 자연히 찾아온다"는 괴테의 말을 잘 증명하고 있다.

당신의 아이가 좋아하는 일을 해도 손해 보지 않는다는 것을 믿을 수 있겠는가? 그렇다면 이제부터 아이가 좋아하거나 잘하는 일을 할 수 있도록 허용하라. 좋아하는 일이 없다면 아이가 자신의 관심사를 발견하도록 도와주라. 부모가 먼저 아이를 잘 관찰하여 장점을 발견하고 그것을 키워나가도록 도와주면 된다.

위대함을 마음으로 발견하라

어떻게 하면 평범한 아이를 위대하게 만들 수 있을까? 이런 질문을 던지면 사람들은 대개 아이를 위대하게 만들 방법부터 찾으려 한다. 그러나 방법을 찾는 것보다 더 중요한 것이 있다. '위대함은 만드는 것이 아니라 발견하는 것'이다. 발견이란 눈으로만 하는 것이 아니다. 마음으로 발견하는 것이 훨씬 더 본질적인 일이다.

'우리 아이는 이미 천재다.'

이것은 위대한 발견이다. 이것을 마음으로 인정하는 것이 진정한 변화의 시작이다. 부모가 먼저 생각을 전환하면 아이의 변화는 시작된다. 당신이 아이를 바라보는 눈을 바꾸는 순간부터 일상생활에서 아이의 강점이 눈에 들어오기 시작할 것이다.

그러면 자연스럽게 다음 단계로 넘어갈 수 있다. 평범한 아이를 위대하게 만드는 방법은 오히려 간단하다. 아이의 강점(strength)을 찾는 것이다. 그리고 그 강점을 칭찬하고 격려하라. 《위대한 나의 발견, 강점 혁명(Now, Discover Your Strengths)》에서 마커스 버킹엄(Marcus Buckingham)은 "진정한 자기계발은 약점을 보완하는 것이 아니라, 강점을 발견하고 그것에 집중함으로써 타인과의 간격을 더 벌리는 것"이라고 했다. 우리는 아이가 모든 면에서 다 잘하기를 바란다. 그래서 아이의 약점을 개선해주려고 애를 쓴다. 그러나 그것은 욕심이다. 지금은 선택과 집중을 요구하는 다양성의 시대다. 한 가지를 탁월하게 잘하는 것이 경쟁력이다. 강점에 집중하여 더 발전시켜나가는 것이 좋다.

일상에서 아이의 강점을 잘 관찰하라. 그러면 작은 단서들을 발견할 수 있을 것이다. 처음부터 크고 대단한 것을 찾으려면 어렵다. 작고 사소한 일에서 아이의 강점을 찾아라. 미국 네브래스카대학의 교육심리학 교수 도널드 클리프턴(Donald Clifton)은 《강점에 올인하라 (Soar with your strengths)》를 썼다. 이 책은 우리에게 강점을 발견하기 위한 단서를 제시해준다. '당신의 자녀가 가장 동경하는 것은 무엇인가? 어떨 때 아이가 가장 행복해 하는가? 남들보다 유난히 빨리 배우는 일은 무엇인가?' 이런 물음으로 아이를 관찰하고 기록하라. 그 기록을 아이와 함께 공유하면 더욱 효과적이다.

아이를 관찰할 때 당신은 아이의 어떤 점을 주목하는가? 아이의 강점인가, 약점인가? 무엇을 주목하는 것이 아이를 긍정적인 사람으로 만들까? 아이의 강점을 바라보는 사람은 늘 칭찬하고 격려할 일이 많다. 반면 약점에 집중하는 부모는 늘 아이를 불안한 시각으로 바라보게 된다. 이것은 아이에게 부정적인 자아상을 심어주기 쉽다. 이런 아이는 자신감을 갖기가 매우 어렵다. 이제 보다 분명해졌는가? 어린 시절부터 아이의 강점을 격려하면 아이는 자신을 긍정적으로 바라보게 된다. 이것은 아이 스스로 자신의 천재성을 발견하게 하는 일이다.

이와 함께 부모는 아이의 무엇이 남들과 다른지를 잘 관찰할 필요가 있다. 다름을 발견하는 것은 강점을 발견하는 것보다 쉬운 일이다. 일부러 잘하는 것을 찾지 않아도 되기 때문이다. 그러나 아이의 독특함을 발견하는 것은 강점을 발견하는 촉매가 될 수 있다. 꼭 잘하는 것이 아니어도 남과 다름을 발견하고 그것을 격려하라. 아이는 자신만의 고유한 세계를 인정받으면 스스로를 긍정적으로 바라보게 된다.

자신이 하는 일을 긍정적으로 바라본다는 것은 천재성을 발휘할 토양을 마련하는 일이다. 그 자기만의 재능이 적절한 환경을 만나고 충분한 연습을 하게 되면 탁월한 결과를 낳게 된다. 이것이 위대한 천재의 탄생으로 이어질 수 있다.

아이가 경쟁에서 이기는 것만을 좋아하지 마라. 대신 다른 아이들과 다른 점을 찾아 격려하라. 상대를 이기는 것은 많은 연습으로 가능한 일이다. 그러나 남들과 다른 독특함은 아무나 가질 수 있는 것이 아니다. 일상생활에서 아이의 작은 차별성에 주목하라. 그 아주 작은 차별성속에 천재의 씨앗은 숨어 있다.

내 안의 열정을 어떻게 찾을까?

자기발견의 가장 강력한 도구 중 하나는 독서다.

자신의 열정이 어디에 있는가를 찾고자 한다면 책을 읽어라. 《48분 기적의 독서법》에서 김병완은 "큰 사람은 모두 책이 만들었다"고 했다. 책 속에는 위대한 사람의 생각과 인격과 성공이 담겨 있다. 책을 읽는다는 것은 다른 사람의 삶과 생각을 통해서 결국 자신의 모습을 발견하는 것이다. 그렇다면 우리는 큰 사람의 삶의 지혜가 담긴 책을 통해서 자신의 열정을 발견하는 것이 가장 효과적이다.

그렇다고 아이에게 독서하라고 말하지 말라. 대신 당신이 먼저 독서하라. 그리고 그 생생한 감동을 아이에게 재미있게 이야기해보라. 아이는 저절로 책을 들게 될 것이다. 내 경우도 그러했다. 어느 날 아파트 안에 있는 작은 도서관에서 우연히 김병완의 《기적의 고전 독서법》을 읽고서 완전히 빠져버렸다. 책을 읽는다는 것이 이렇게 즐겁고 사람을 흥분시킬 수 있다는 것을 맛보았다. 충격이었다. 그렇다면 그 이전까지 나의 독서는 무엇이었다는 말인가? 독서는 양이 아니라 방법이라는 것을 그때 알게 되었다. 그때부터 나는 독서법에 관한 책을 먼저 읽게 되었다. 이후로 나의 모든 독서는 바뀌었다. 책을 읽는 방법이 바뀌니 저절로 책을 읽고 싶어지는 것이다.

비로소 나의 진정한 독서의 시작이었다. 이런 독서에서 얻은 기쁨과 감동을 나는 가족들과 함께 나누었다. 덕분에 우리 아들도 본격적인 독서를 하게 되었다. 그는 독서를 통해 자신의 열정을 발견했다. 그는 지방대학의 영문학과를 다니다가 그만두었다. 그리고 몇 개월간 도서관에 살면서 책만 읽었다. 그해 서울의 어느 국립대학 영화과 입학시험에 단번에 합격했다. 그 학교는 치열한 입학 경쟁으로 인해 아이들 사이에는 몇 해 반복해서 응시하는 학교로 유명하다. 아들의 말에 따르면 합격의 비밀은 독서였다. 아들이 영화에 대한 특별한 재능을 갖춘 것은 아니었다. 대신 자신의 열정을 면접관들에게 강렬하게 호소했다고 한다. 그 강렬한 호소력은 자신의 열정을 발견한 독서에서 나온 힘이었다.

독서보다 더 강력한 도구는 책 쓰기다. 《김병완의 책 쓰기 혁명》에서 저자는 "물은 길을 내고 사람은 글을 쓴다"고 했다. 나는 이 말을 참 좋아한다. 물은 흘러서 물길을 만들고 사람은 걸으면서 인생길을 만든다. 자신의 인생길을 스스로 만드는 것이 바로 책 쓰기라는 말이다. 독서는 일종의 샘을 파는 것과 같다. 그러나 책 쓰기는 그 샘에서 물이 솟아오르게 하고 세상으로 흘러가게 하는 것이다. 독서로써 맑은 물이 가득한 샘을 만들었다고 하자. 이 맑은 샘도 흐르지 않으면 곧 썩는다. 그러나 맑은 물을 세상으로 흘러가게 한다면 세상이 풍요롭게 변할 수 있다. 또한 이 물도 흘러가야 비로소 더 큰 바다를 만날 수 있다.

더 큰 세계를 만난다는 것은 책 쓰기를 하여 자신을 세상에 드러내는 일이다. 이런 점에서 책 쓰기는 세상과 소통하는 최고의 도구이다. 더 좋은 것은 위대한 자신의 발견이다. 사람들은 책을 쓰면서 내면에 숨어 있던 엄청난 스토리와 글쓰기의 재능에 스스로 놀랄 때가 많다. 이것은 자신의 열정에 불을 댕기는 일이다. 독서가 정신혁명의 도구라면 책 쓰기는 인생혁명의 도구이다.

더욱 놀라운 것은 지금은 누구라도 책을 쓸 수 있는 시대라는 점이다. 이 말이 실감나지 않은 사람은 《책 쓰기 학교 인생을 바꾸다》를 읽어보라. 절대로 책은 저명한 사람만 쓰는 것이 아니라는 것을 알게 될 것이다. 가장 평범한 사람들이 자신의 천재성을 일깨우는 수많은 사례를 이 책은 소개하고 있다. 나도 그중 한 사람일 뿐이다. 부모인 당신이 먼저 책을 써보라. 분명 당신은 책 쓰는 과정에서 인생의 열정을 찾을 것이다. 이제 인생 전반전에 불과이다. 자신만의 콘텐츠를 가져라. 그리고 그것을 자녀와 나누어보라. 단언컨대 자녀의 열정에 뜨거운 불을 댕기게 될 것이다. 도스토옙스키는 말했다.

"한 인간의 존재를 결정짓는 것은 그가 읽은 책과 그가 쓴 글이다."

평범속에 비범을 발견하라

상상력이란 마음속으로 그림을 그려낼 수 있는 힘이다. 그래서 상상력이 풍부한 사람은 평범한 일상에서도 사물의 특이함을 발견해내는 능력이 있다. 특히 천재들은 이러한 상상력이 뛰어난 사람들이다. 그들은 평범 속에 비범을 찾아낸다. 당신도 평범하기 짝이 없는 당신의 일상들을 가만히 살펴보라. 그리고 천재들처럼 마음의 눈으로 자신을 관찰해보라. 자신이 어떤 일을 할 때 가장 즐거운가를 보라. 자신의 특이함이나 장점이 보다 잘 드러날 것이다.

이보다 쉽게 일상에서 자신의 열정을 찾을 수 있는 도구가 있다. 바로 '장점 일기' 쓰기다. 자신의 장점을 써보면서 자신을 관찰하는 일이다. 우리는 종종 남의 장점은 부러워하면서 자신의 장점은 모르는 경우가 많다. 자신에 대한 관찰이 부족한 탓이다. 더구나 많은 청소년들이 외모는 매일 관찰하고 신경을 쓰지만 정작 자신의 내면세계에는 관심을 두지 않는다. 그래서 학생들에게 자신의 장점을 찾으라고 하면 매우 어려워한다. 이런 아이는 대학에서 요구하는 자기소개서를 쓸 때 매우 난감해한다.

그러나 지금부터 자신을 하나씩 살펴보라. 의외로 쉽게 당신의 장점을 찾을 수 있다. 다만 절대로 큰 것을 찾으려 하면 안 된다. 처음에는 아주 사소하고 작은 일에서 자신의 장점을 찾아보라. 그리고 그것을 하나씩 휴대폰에 저장해보라. 하루에 하나씩 아주 작은 것들을 모아보라. 한 달이면 약 30개의 작은 장점들이 모인다. 3개월이면 약 100개를 얻게 될 것이다. 이것들을 나열해놓고 비슷한 것들끼리 10개씩 묶어보라. 그러면 좀 더 큰 장점들이 서서히 드러날 것이다. 이것들은 아주 사소해 보이지만 당신만이 가질 수 있는 특징이자 능력이다.

물론 이런 사소한 장점들이 당장 당신의 큰 능력이 되는 것은 아니다. 이것은 평범 속에 비범을 보는 자기발견의 시작이다. 이 장점들은 당신이 가진 천재성의 씨앗들이다. 이 씨앗들을 보라는 것이다. 그어느 씨앗 속에는 분명 당신의 가슴을 뛰게 할 열정이 숨어 있다.

하브루타로
두뇌를 계발하라

천재를 낳는 비밀은
무엇인가?

세상을 바꾼 '20세기의 천재' 세 사람은 누구일까? 사람들은 과학자 앨버트 아인슈타인, 심리학자 지그문트 프로이트, 철학자 카를 마르크스를 꼽는다. 세 사람은 모두 같은 나라 사람들이다. 어느 나라일까? 해마다 노벨상 수상자를 30% 정도 배출하는 나라가 있다. 노벨상은 각 학문 분야에서 탁월한 업적을 이룬 천재들에게 수여하는 상이다. 그런데 이 나라의 인구는 세계인구의 0.25%밖에 안 된다. 세계 최고의 명문 하버드대학교의 재학생 중 3분의1을 차지하는 나라이자, 미국 사회의 가장 영향력 있는 지식인 76%를 차지하는 민족이다. 이 나라는 세계 30대 초일류 기업의 약 50%를 차지하고 있다. 세계에서 해마다 가장 많은 인재를 배출하는 나라는 어디일까? 이미 눈치 챘겠지만, 이스라엘이다.

우리나라는 여러 가지 면에서 이스라엘보다 훨씬 나은 조건을 가지고 있다. 예컨대 우리나라는 지능지수에서 이스라엘을 크게 앞선다. 영국 얼스터대학 리처드 린 교수와 핀란드 헬싱키대학 타투 반하넨 교수가 발표한 세계 185개국의 '국가별 지능지수'에 따르면, 이스라엘은 IQ지수가 94점으로 세계 45위인 반면 우리나라는 IQ지수가 106점으로 세계 2위이다. 인구도 우리가 이스라엘의 다섯 배 정도 많고, 나라 크기도 약 열 배 정도 크다. 뿐만 아니라 학생들의 공부시간, 부모들의 교육열, 교사들의 수준 등이 모두 이스라엘보다 높다.

그런데 왜 우리는 세계적인 천재를 많이 배출하지 못하는가? 한마디로 정리하면 교육방법의 차이다. 지금부터 그 비밀을 자세히 들여다보자. 우리나라 한 언론사에서 직접 이스라엘을 방문하여 그 나라 학생들을 인터뷰한 적이 있다. 공부를 어떻게 하느냐고 물었다. 그들 대답의 키워드는 '호기심, 질문, 대화, 토론, 자율성' 등으로 압축할 수 있다. 이스라엘 학생들의 공부 방법은 짝과 함께 질문하고 대화하며 토론하고 논쟁하는 것이다. 그것이 전부다. 이러한 공부 방법을 히브리어로 '하브루타(havruta)'라고 한다.

천재를 많이 낳는 비결은 하브루타 학습법에 있다. '하브루타'는 두 가지 의미가 있다. 하나는 '짝과 함께 토론하는 것'을 뜻한다. 다른 하나는 서로 '대화하고 토론하는 짝'을 뜻하기도 한다. 우리말로 하자면 '공부하는 친구', '학우'인 셈이다. 이들은 학문으로 맺어진 친구, 학우를 매우 중시한다. 왜냐하면 짝과 함께 끊임없이 대화하고 토론하는 과정에서 서로가 성장하기 때문이다. 이들에게 가장 큰 스승은 교사가 아니라 바로 하브루타 친구이다. 모든 것을 교사에게서 배우려 하는 우리나라 학생들과는 너무 대조적이다. 이스라엘 아이들을 천재로 만드는 것은 바로 하브루타의 힘이다. 세계의 천재들은 일찍이 선생님으로부터 학문적으로 독립하는 것을 배운다.

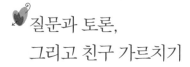

질문과 토론, 그리고 친구 가르치기

하브루타 학습의 꽃은 '질문과 토론, 친구 가르치기'이다. 교육은 내면에 잠재된 능력을 밖으로 끌어내어주는 일이다. 이런 면에서 하브루타는 교육의 의미를 그대로 구현하는 방법이기도 하다. 아이들의 잠재능력을 이끌어내는 가장 효과적인 방법은 무엇일까? 바로 '질문'이다. 아이들은 질문을 가지고 학교를 가고, 교사도 질문으로 아이들을 자극한다. 하브루타 수업은 질문으로 시작되어 질문으로 끝이 난다. 천재교육의 시작은 바로 질문에서 출발한다. 스티브 잡스는 이런 명언을 남겼다.

"Stay hungry. Stay foolish!"

늘 알고자 갈망하고, 바보가 될 각오로 질문하라. 앎에 대한 호기심이 많고 어리석은 질문을 할 만큼 용기 있는 자가 천재다.

베르너 지퍼(Werner Siefer)도《재능의 탄생(Das Genie in mir)》에서 천재를 만드는 비밀은 능력보다는 호기심이라 했다.

천재의 삶을 자세히 들여다본 사람이라면 이런 생각을 하게 될 것이다. 비밀은 천재들이 어려움을 극복하고 얻어낸 능력에 있지 않다는 생각 말이다. 능력보다는 호기심이나 깊은 관심에 있는 경우가 훨씬 많다.

천재의 시작은 바로 '호기심'이다. 평범한 사람도 무엇인가에 깊은 관심을 가지거나 호기심을 가지면 몰입하게 된다. 우리가 무엇인가에 몰입하게 되면 그 호기심을 해결하는 과정에서 만나는 여러 가지 어려움도 잘 극복해낼 수가 있다. 호기심은 수많은 시행착오와 끈질긴 노력을 이끌어내는 원동력이다. 그 노력의 결과로 얻어진 것이 바로 '뛰어난 능력'이다. 결과만 놓고 보면 사람들은 천재의 비밀이 바로 능력에 있다고 생각할 수 있다. 그러나 천재를 낳는 비밀은 호기심이다. 호기심을 밖으로 드러낸 것이 질문이라는 것을 잊어서는 안 된다.

질문은 토론문화의 꽃이다. 하브루타 수업은 질문으로 시작해서 질문으로 끝나는 경우가 많다. 이스라엘 교실의 풍경이 그렇다. 반면 우리나라의 교실은 침묵의 봄처럼 질문이 사라진 지 오래다. 그래서 우리 교사들은 수업 중 질문하는 아이를 가장 예뻐한다. 이스라엘 부모들은 아이들이 궁금함을 가지도록 끊임없이 이끌어준다. 그들의 가정교육을 살펴보면 이 점이 실감난다.

아이의 태교에서부터 초등학교 입학 때까지 '가정은 가장 훌륭한 학교'라는 것을 알 수 있다. 산모가 아이를 가지면 엄마는 뱃속아이와 대화를 시작한다. 하브루타의 첫 출발이다. 유대인들은 뱃속의 아이를 대하는 태도가 남다르다. 즉 '나로부터 잉태된 아이가 세상을 구원할 메시아'일 수도 있다는 믿음을 가지고 있다. 때문에 그들은 아이를 절대 낙태하지 않는다. 뿐만 아니라 아이를 메시아로 대한다. 이것이 천재교육의 핵심이다. 자녀를 구세주로 믿으면 실제로 세상을 빛낼 큰 인재로 키우게 된다. 산모의 마음이 고스란히 아이에게 전달되기 때문이다.

산모는 아이가 태어나기 전부터 구세주를 기다리는 마음으로 탄생을 준비한다. 그 모습을 잘 보여주는 것이 바로 토라로 만든 이불이다. 아이가 태어나면 덮어줄 이불에 유대인들의 성경인 토라를 새겨둔다. 산모는 매일 이 이불을 덮고서 뱃속 아이에게 성경을 한 구절씩 들려준다. 아이는 이미 하나의 생명체이다. 뱃속 아이는 세상과의 첫 만남을 이렇게 시작한다. 이것이 하브루타의 시작이다. 아이가 태어나면 본격적으로 부모와 아이의 대화가 시작된다. 특히 잠들기 직전에 아이에게 '베드타임 스토리(Bedtime story)'를 들려준다. 이 시간을 교육학자 전성수 교수는 "저절로 성장하는 마법의 시간"이라고 했다. 부모와 자녀 간의 소통 시간이 아이의 일생에 큰 영향을 미친다는 말이다.

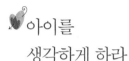아이를 생각하게 하라

아이가 제법 말을 하기 시작하면 부모와 아이 사이에는 본격적인 하브루타가 이루어진다. 대화내용은 일상적인 삶의 이야기에서 성경 이야기까지 다양하다. 먼저 부모가 아이에게 질문을 던져서 호기심을 유발한다. 그러면 아이는 자신의 생각을 이야기한다. 그런데 아이가 질문을 하면 부모는 바로 답을 주지 않는다. 대신 "왜 그럴까?" 하고 질문을 되돌려준다. 그러면 아이는 생각을 하게 된다. 유대인들에게는 질문에 대한 답이 중요한 것이 아니다. 진짜 중요한 것은 아이로 하여금 생각하게 만드는 것이다. 아이에게 세상을 이해하고 경험할 기회를 제공하는 것이다. 이것이 하브루타의 본질이다.

아이는 자신의 생각을 부모에게 설명하는 연습을 하게 된다. 이렇게 성장하는 아이는 이제 어느 자리에서든 자신의 생각을 거침없이 이야기하게 된다. 이 아이들이 또래친구들과 노는 모습을 보면 신기하다. 즉 이들은 친구들과 주로 '말(言語)'을 가지고 논다. 가장 재미있는 놀이가 친구들과 하브루타하는 것으로 보인다. 그런데 하브루타의 전형은 주로 두 사람 사이에서 이루어진다. 일대일 짝 토론이다. 친구와 함께 마주하거나 나란히 앉아서 이야기를 한다. 서로에게 질문을 던지고 대답을 하며 자신의 생각을 전달한다. 이때 가장 주목할 만한 것은 바로 '친구 가르치기'이다.

친구를 가르쳐라

친구 가르치기는 자신이 알고 있는 것을 친구에게 설명해보는 것이다. 친구에게 가르쳐보는 것은 어떤 효과가 있을까? 우선 직접 가르쳐보면 내가 알고 있는 것이 진짜인지 가짜인지 바로 드러난다. 우리는 내가 알고 있다고 생각한 것을 누군가에게 설명할 때 생각만큼 잘되지 않는 상황을 종종 겪는다. 내가 알고 있는 것이 착각인 것을 깨닫게 된다. 곧 자신의 무지를 알게 되는 것이다. 자신이 잘 모른다는 것을 아는 것은 엄청난 공부이다. 내가 아는 것과 모르는 것을 구별할 수 있는 능력을 '메타인지'라고 한다. 천재들은 메타인지가 매우 발달해 있다. 이 메타인지 능력을 높이는 좋은 방법이 바로 친구 가르치기이다.

또한 친구 가르치기는 학습내용을 기억하는 데 최고의 방법이다. 이것을 잘 보여주는 연구 결과가 있다. 미국행동과학연구소에서 밝

학습 효율성 피라미드

5%	강의듣기
10%	읽기
20%	시청각 수업듣기
30%	시범강의 보기
50%	집단 토의
75%	실제 해보기
90%	서로 설명하기

출처 : NTL(National Traning Laboratories)

힌 '학습피라미드'이다. 어떤 공부방법이 두뇌기억에 가장 많이 남을 까를 보여주는 표이다. 즉 다양한 방법으로 공부한 다음 24시간 후에 기억에 남아 있는 비율을 나타낸 것이다. 이 표에 따르면 강의 듣기는 5%밖에 기억에 남지 않지만, 서로 설명해보는 것은 90%가 기억에 남는다. 결국 친구에게 설명하며 가르치기가 가장 효율적이다. 강의 듣기보다 무려 18배나 기억에 많이 남는다.

한국과 이스라엘의 차이는 학습방법에 있다. 우리나라 아이들은 주로 하루 종일 선생님 강의만 듣는다. 가장 비효율적인 학습을 한다. 반면 이스라엘은 두뇌기억에 가장 유리한 방법으로 공부하고 있다. 이것은 두 나라의 '학습효율도'를 잘 보여준다. 학습량보다도 중요한 것은 학습방법이라는 것을 극명하게 보여준다. 이스라엘이 우리보다 나은 것은 효율적인 학습방법을 실행하고, 자녀를 천재로 대하는 부모의 마음, 그리고 아이에게 끊임없이 질문을 던져 생각하게 하는 것이다. 이것이 세계적인 천재를 많이 배출하는 교육의 핵심이다.

재미있는 사실이 하나 있다. 우리나라에도 하브루타 학습을 하는 아이들이 있다. 바로 전국에서 가장 공부를 잘하는 아이들이다. EBS 는 〈교육 대기획 10부작 학교란 무엇인가?〉에서 전국에서 가장 우수한 상위 0.1% 공부천재들의 학습비밀을 취재했다. 그 비밀 중 하나는 배운 것을 누군가에게 설명해보는 것이었다. 학생이 직접 선생님이 되어 누구에게 가르쳐보는 것이다. 그들은 이미 '친구 가르치기', 하브루타 방법으로 공부하고 있었다.

하브루타 학습에는 두 가지 효과가 있다. 하나는 남을 가르치면서 기억에 오래 저장할 수 있다는 것이고, 다른 하나는 자신이 아는 것과 모르는 것을 정확하게 구별할 수 있다는 점이다. 즉 메타인지 능력이 향상되는 것이다. 자기가 제대로 설명하지 못하는 것을 따로 모아 집중적으로 공부하게 된다. 선택과 집중의 효과를 낳게 된다. 이보다 더 중요한 것이 있다. 학생이 스스로 가르쳐본다는 것은 '학습의 주인'이 되는 것이다. 아무리 강의에 열심히 집중한다고 해도 듣기만 한다면 학생은 결국 공부의 구경꾼일 뿐이다. 그러나 내가 학습의 주인이 되면 공부하는 것이 재미있다. 하나씩 알아가는 사이 자신감을 갖게 된다. 나는 이 점을 가장 강조하고 싶다. 자, 이제 자녀에게 어떤 방법을 권유할 것인가는 당신의 선택이다. 인공지능시대에는 스스로 생각하는 자가 생존한다. 하브루타로 자녀의 두뇌를 계발하라.

붕새를 좌우 날개로
날게 하라

·

·

미래를 지배할 인재는
누구인가?

'큰 새가 비상하려면 큰 바람이 필요하고, 큰 배를 띄우려면 깊은 물이 필요하다.' 당신은 이미 거대한 붕새다. 단숨에 9만 리를 날아오르려면 붕새에게는 큰 바람이 필요하다. 이때 당신에게 큰 바람이란 무엇인가? 큰 의식을 뜻한다. 하늘을 나는 새를 보라. 그 새는 천하를 발아래로 굽어볼 수 있는 안목이 있다. 수천 년 전 우리 선조들은 붕새의 큰 의식으로 살았다. 수만 리 창공을 자유롭게 날 수 있는 마음의 여유가 있었다. 마음이 하늘만큼 컸던 시대의 이야기다. 의식이 하늘만큼 넓으면 자유롭게 살 수 있다. 이것은 마음이 천재인 사람들의 삶의 방식이다.

오늘날 우리 현대인들은 수천 년 동안 선조들이 꿈꾸던 저 하늘을 실제로 날아다니고 있다. 우리는 이미 비행기로 붕정만리(鵬程萬里)를 실현하고 있는 것이다. 선배 거인들의 큰 의식 덕분으로 우리는 쉽게 천재들의 삶을 누리고 있다. 그럼에도 우리의 의식은 선조들의 의식을 따르지 못한다. 그 결과 몸은 하늘을 날면서도 의식은 땅바닥에 붙어 있다. 마음의 여유가 없고 행복은 늘 멀리만 있다.

당신은 이미 천재다!

지금 우리에게 필요한 것은 바로 이것이다. 천하를 굽어보는 큰 의식이다. 미래학자들은 입을 모아 앞으로 다가올 미래사회는 '통섭형 인재'가 지배할 것이라 한다. 통섭(consilience)이란 지식의 대통합을 뜻한다. 학문 간의 경계를 뛰어넘어 마음에서 대통합을 이루어낼 수 있는 인재가 통섭형 인재다. 이것은 어떻게 가능할까? 하늘을 나는 큰 의식으로 가능하다. 우리가 잃어버린 붕새의 의식을 회복하면 된다. 붕새의 큰 의식을 어떻게 얻을 수 있는가?

의식을 빅뱅하라!

이제 인류는 9만 리 창공이 아니라 천억 개의 별이 모인 은하계를 넘어 무한대 우주로 나아가야 한다. 우리 선배들의 거대한 어깨를 빌리면 가능하다. 우리에게 어깨를 빌려줄 거인들은 이미 충분하다. 인류의 의식이 빅뱅을 할 때가 된 것이다. 우리는 꼭 자신의 의식 크기만큼 살게 될 것이다.

나는 이미 우주다

이렇게 선언하라. 이러한 선언이 당신의 의식을 단숨에 우주만큼 확장시킬 것이다. 의식의 대폭발이다. 이 확장된 의식이 우주를 날 수 있는 큰 바람이고, 큰 동력이다. 의식이 큰 사람은 마음을 마음대로 부려 쓸 수가 있다. 이런 넓은 의식으로 《장자》와 《노자》를 읽어보라. 선배 천재들의 위대한 책이 쉽게 다가올 것이다. 좁은 생각으로는 아무리 애를 써도 천재들의 큰 의식을 이해하기 어렵다. 의식을 확장하는 것이 먼저다. 위대한 생각을 담을 그릇을 넓혀야 한다는 말이다. 의식의 대폭발은 세상을 넓고 멀리 볼 수 있는 통찰을 가능케 한다.

미래학자 정지훈은 《내 아이가 만날 미래》에서 미래사회의 주역은 '인사이트 노동자(insight worker)'라 했다. 즉 통찰력을 가진 자들이 미래를 지배한다는 말이다. 오늘날 각광받는 '지식노동자'의 가치는 스마트폰과 클라우드, 그리고 인터페이스 기술의 발달로 인해 뒤로 밀려난다. 지금까지 지식노동자가 하던 일은 기계가 대체한다는 말이다.

이제 인간은 스스로 판단하는 일, 생각을 통해 비판하는 일, 타인과의 공감하는 일은 로봇에게 맡기면 된다. 대신 기계가 대체할 수 없는 일을 하면 된다. 이런 일들은 주로 인간의 통찰력이 필요한 것들이다. 통찰력은 사물을 꿰뚫어볼 수 있는 안목과 여러 학문들을 통합할 수 있는 사고 능력을 뜻한다. 예컨대 사회의 문제를 발견하고 해결책을 제시하는 능력, 사람들의 합의를 이끌어내고 영감을 불어넣는 공감능력을 말한다. 4차 산업혁명시대에는 이러한 통합적 사고력과 여러 사람들과 공감할 수 있는 능력을 가진 사람이 유리하다. 곧 사물을 넓게 보고, 멀리 볼 수 있는 능력을 갖춘 사람들의 시대가 올 것이다.

붕새를 좌우 날개로 날게 하라

새는 날아야 비로소 새다. 새가 난다는 것은 삶을 실천한다는 의미이다. 우리도 이제 붕새의 의식으로 세상을 날 준비가 되었다. 큰 호흡으로 세상을 비상할 것이다. 세상을 향한 힘찬 날갯짓을 하기 전에 잠시 하늘을 나는 새를 보라. 새는 좌우의 날개로 난다. 세상을 자유롭게 비행하려면 반드시 양 날개가 필요하다. 그런데 한쪽 날개로만 하늘을 난다면 어떻게 되겠는가?

새가 두 날개를 가졌듯이 인간에게는 좌우의 뇌가 있다. 미국의 신경생물학자 로저 스페리(Roger Sperry)는 좌뇌와 우뇌의 역할이 서로 다르다는 것을 밝혀냈다. 그의 설명 따르면 우뇌형 인간은 창조적이며 예술적이고, 감정이나 직관에 의존하는 경향이 높다. 반면 좌뇌형 인간은 논리적이고 분석적이며 신중하고 계획적이다. 따라서 우뇌형은 발산적 사고를 주로 하고, 좌뇌형은 수렴적 사고를 한다.

우리는 분명 두 쪽의 뇌를 가졌다. 그럼에도 우리 인류는 20세기

산업화와 지식정보화 시대에 주로 좌뇌 중심의 교육을 받고, 좌뇌 중심의 사회구조 속에 살아왔다. 우리는 첨단기술로 물질적 풍요는 얻었지만 풍부한 감성을 잃어버렸다. 그 결과 치열한 경쟁 속에서 삶은 더욱 팍팍해지고 이웃 간에 따뜻한 정을 나누는 인간애는 사라져간다. 갈수록 빈부의 차이는 커지고 상대적 박탈감은 서민들로 하여금 풍요 속에 빈곤을 절감하게 한다. 그럼에도 우리는 여전히 더 많은 부와 물질에 굶주려 있다.

이러한 부조리한 사회현상에 대안을 제시한 미래학자가 있다. 세계적인 석학 다니엘 핑크(Daniel Pink)다. 그는 《새로운 미래가 온다(A whole new mind)》에서 21세기를 '우뇌가 지배하는 사회'라고 규정한다. 새로운 미래의 중심에는 '우뇌'가 있다고 강조한다. 이 사회에서는 인간의 컨셉과 감성을 중시한다. 비로소 지식정보 시대에서 하이컨셉·하이터치 시대로 바뀐다는 말이다. 한마디로 우리가 잊고 살았던 우뇌에 답이 있다는 주장이다. 우뇌를 살려서 잠들어 있던 감성을 깨우는 일이다.

잠자는 우뇌를 깨워라

우뇌는 주로 창조적이고 예술적이며, 감정이나 직관에 관련된 일을 한다. 다니엘 핑크는 미래사회의 특징을 우뇌가 가진 두 가지 능력으로 표현한다. 하나는 '하이컨셉'이고, 다른 하나는 '하이터치'다. 그는 "하이컨셉이란 서로 관계가 없어 보이는 아이디어의 결합을 통해 남들이 전혀 생각지 못했던 새로운 아이디어를 창조하는 역량, 예술적 혹은 감성적 아름다움을 창조하는 능력"이라고 한다. 이처럼 사물을 새롭게 해석하고 창조하는 하는 일에는 우뇌가 중요하다.

미래에는 첨단화된 기술만으로는 사람의 마음을 움직일 수 없다. 고도의 기술에 인간의 감성을 결합시켜 소비자의 마음을 끌어들d야 한다. 여기서 '하이터치' 개념이 탄생한다. 이것은 미국의 미래학자 존 나이스비트(John Naisbitt)가 처음으로 제시한 개념이다. 결국 최첨단 기술에다 인간성을 도입하여 소비자의 감성에 맞추고 잠재욕구를 충족시키는 것이 하이터치 개념이다. 간단히 정리하면 미래사회는 감성과 창의를 요구하는 시대다. 다니엘 핑크는 '하이컨셉과 하이터치'의 시대라고 정의했다. 이러한 자질을 가진 인재를 키우려면 잠자는 우뇌를 깨워야 한다.

아이의 문화유전자를 깨워라

예로부터 한국인은 감성이 풍부한 민족이다. 《위지(魏志)》〈동이전

〈東夷傳〉에 우리는 음주가무로 밤을 지새울 정도로 신명이 많은 겨레로 묘사된다. 참으로 흥이 많고 남과 잘 어울리는 감성적인 국민이다. 한림대학의 윤태일 교수는 《신명 커뮤니케이션》에서 한국인의 대표적인 문화유전자로 '신명'을 꼽는다. 실제로 한국국학진흥원이 2012년에 실시한 설문조사에 따르면 한국인의 문화 유전자 1위는 '어울림·조화'였고, 2위가 '흥·신명'이었다. 우리의 피 속에는 따뜻한 감성의 문화가 면면히 흐르고 있는 것이다.

이처럼 우뇌 성향을 가진 한국인은 감성과 직관이 발달했고 시각적이며 창의적이다. 전성수 교수는 《하브루타로 교육하라》에서 최근에 세계적으로 한류 열풍이 부는 것은 우리 민족의 우뇌성향과 관련이 있다고 했다. 우리의 우뇌성향과 21세기의 우뇌적인 흐름이 맞아떨어져 한국영화가 국제적인 영화상을 받고, 한국드라마에 세계인들이 빠져들고, 한국대중가요가 세계로 유행처럼 번진다는 것이다.

감성이 풍부한 우리 국민들은 지난 100년 동안 그 감성을 억압당하며 살아왔다. 20세기 전반에는 나라를 잃고 국민들은 생존 앞에 감성을 표출할 기회마저 박탈당했다. 20세기 후반은 급속한 경제성장을 이루는 산업사회에서 지식중심교육을 받으며 좌뇌형 인간으로 살아왔다. 한마디로 우리에게 20세기는 철저한 좌뇌의 시대였다. 이러한 삶의 패턴 변화로 우리는 물질적 부를 얻었다. 반면 우리 민족의 장점인 따뜻한 인간애와 어울림, 풍부한 감성과 통 큰 의식을 잃었다.

지금 우리에게 필요한 것은 좌우의 밸런스를 맞추는 일이다. 그동안 논리와 이성에 쫓겨 잊고 살았던 우리의 '문화유전자'를 깨워야 한다. 감성을 회복해야 한다. 따뜻한 가슴에서 우러나오는 정을 나누고 웃음과 해학을 주고받는 여유를 찾아야 한다. 감성능력이란 타인과 소통하고 어울리고 공감할 수 있는 능력이다.

아이의 감성을 어떻게 깨울까?

청소년들에게 감성을 일깨워주는 일에는 어떤 것이 있을까? 가장 먼저 떠오르는 것은 엄마의 품을 돌려주는 일이다. 아이에게 세상에서 가장 안전하고 편안한 곳은 엄마의 품이다. 불행하게도 오늘날 많은 아이들은 태어나자마자 엄마의 품을 떠나서 길러지고 있다. 최소한 태어나서 3년만큼은 반드시 엄마의 품을 보장해주어야 한다. 이 시기의 따뜻한 엄마의 품은 아이에게는 세상의 전부다. 따뜻하고 풍부한 감성이 자라는 보금자리다.

그 다음은 어린아이들에게 자연의 품을 돌려주어야 한다. 도심에서 자라는 아이일수록 자주 자연 속에서 뛰놀 수 있는 기회를 제공하라. 아이들이 사물을 머리가 아니라 가슴으로 느끼게 하라. 사계절이 뚜렷한 우리나라는 아이들이 계절의 변화를 느끼기에 좋은 환경이다.

파란 하늘에 하얀 뭉게구름을 이불 삼아, 풀냄새 피어나는 잔디에 누워보라. 연초록으로 물든 4월의 숲속을 걸으며, 발밑에 피어 있는 작은 들꽃송이와 대화를 하고, 5월의 산들바람에 날려 오는 아카시아 꽃향기에 온몸을 맡겨보라. 자연과의 교감은 아이의 정서를 키우는 소중한 자양분이다.

때로는 아이에게 연애편지를 써보게 하라. 어린 시절 누군가를 그리워하는 일만큼 감성을 풍요롭게 하는 일이 어디 있겠는가? 사춘기에 접어들 무렵이면 목련꽃 그늘에서 베르테르의 편지를 읽어도 좋으리라. 나는 중학교 3학년 시절 진달래 핀 강 언덕에 앉아 여자친구가 보낸 편지를 읽었다. 발아래 푸른 강물은 흘러가고 꽃봉투에 곱게 쓴 친구의 편지를 읽으며 그리움을 키웠다. 누굴 만나더라도 웃음이 절로 나오고, 모든 것이 아름답게 보이는 마법의 순간을 체험했다. 그리고 누군가를 그리워하며 푸른 강물을 잉크 삼아 강물이 다 마를 때까지 밤을 지새우며 긴 편지를 썼다. 세상을 다 얻은 마음의 풍요를 온몸으로 느끼던 시절이었다. 그 시작은 작은 편지 한 통이었다. 이렇게 작은 것으로도 우리는 세상을 다 얻을 수 있다.

가끔 주말 저녁에는 밝은 전등을 끄고 조용히 촛불을 켜보라. 온 가족이 둘러앉아 마주 보며 차 한 잔 마시는 것만으로도 감성이 충만해질 것이다. 로버트 프로스트의 〈눈 내리는 저녁 숲가에 서서〉라는 시 한 편을 읽고 이야기를 나누어보라. 아름다운 숲의 정경에 매료되어 잠시 고단한 삶의 발걸음을 멈추는 우유 배달부의 여유로운 서정을 느껴보라. 한 송이 들꽃으로도 천국을 보는 낭만주의 시인의 상상을 따라 가보라. 비 갠 하늘에 뜬 무지개를 보고 가슴이 뛰는 시인의 감성과 자연에 대한 경건함을 느껴보라.

긴 겨울밤에는 우리 삶의 이야기를 담은 문학작품으로 인생을 논해보라. 삶의 희로애락을 통하여 아이는 문학적 감성과 함께 삶에 대한 이해와 안목을 얻을 것이다. 자녀의 감성을 깨우는 방법은 무궁무진하다. 이것을 더 열거하는 것은 무의미하다. 당신의 내면에는 이미 엄청난 스토리가 숨어 있다. 그것을 풀어낼 시간만 만들면 당신은 이미 훌륭한 스토리텔러임을 발견하게 될 것이다. 특히 아이들이 잠들기 직전 30분은 기억의 황금시간이다. 베드타임에 당신의 이야기를 들려주어라. 아이의 감성과 상상력은 폭발하게 될 것이다.

재능의 임계점을
맛보게 하라

천재는
도약한 사람일뿐이다

천재에 관한 책들이 오히려 천재를 오해하게 하는 경우가 많다. 그러한 책들은 천재의 능력과 탁월한 업적을 부각시킨 나머지 천재를 평범한 사람들과 너무 동떨어진 존재로 만들어버린다. 천재들을 너무 천재화하는 것이다. 그 결과 천재의 길은 너무나 달라서 보통 사람들은 감히 엄두를 내지 않는다. 메이지대학의 사이토 다카시 교수는 《도약의 순간》에서 이렇게 주장한다.

천재라 불리는 사람들이 날 때부터 천재였던 것은 아니다. 주어진 환경의 차이야 있겠지만, 누구나 비슷한 능력을 갖고 있다. 천재들은 인생의 어느 지점에선가 '도약의 순간'을 체험함으로써 천재의 영역으로 들어선 것이다.

그의 말에서 우리는 천재는 만들어지는 것이란 사실을 알 수 있다. 김병완은 《누구나 천재가 될 수 있는 한 가지 법칙》에서 천재의 속성을 잘 표현한다.

천재가 되는 것은 결국 천릿길을 가는 것이고, 목적지에 도착하는 것은 결국 마지막 한 발자국이지만 그 마지막 한 발자국이 천리가 되기 위해서는 무수히 많은 발자국을 내디뎠다는 사실을 잊어서는 안 된다.

결국 천재로 인정받는 것은 마지막 한 걸음이다. 마지막 한 걸음이 진정으로 위대한 것은 보이지 않는 수많은 발걸음이 있기 때문이다. 천재는 우리와 똑같이 평범한 사람들이다. 다만 천재들은 자기 내면에 천재가 있음을 신뢰한다. 그들은 자신의 천재성을 끄집어내었을 뿐이다. 천재는 평범함 속에 숨어 있는 위대함을 실현한 사람들이다.

작가 구본형은 《깊은 인생》에서 천재들의 삶을 이렇게 표현한다.

나는 평범한 인간 속에 살고 있는 위대함에 대해 말하려 했다. 자신의 삶 속에서 그 위대함을 끄집어내 가장 자기다운 인생을 살아가게 된 평범한 사람들, 스스로 자기 자신의 별이 된 사람들, 나는 그들의 이야기를 들려주고 싶었다.

당신도 이미 천재이다. 다만 스스로 빛나는 별임을 모르고 살았고, 별이 되려는 생각을 아직 하지 않았을 뿐이다.

도약하는 비결은 무엇인가?

어떤 물질이 근본적으로 변하기 위해서는 절대적으로 요구되는 '온도와 압력'이 있다. 이것을 물질의 '임계점'이라 한다. 이 임계점은 물질뿐만 아니라 인간의 삶에도 존재한다.《임계점을 넘어라》를 쓴 김학재는 인간의 발전은 순차적으로 이루어지는 것이 아니라 계단식의 정체와 발전을 거듭하다가 어느 순간 특정 경계에서 비약적인 발전을 이룬다고 했다. 그 점이 바로 우리 삶의 임계점이다.

특별할 것 없는 평범한 출발점에 섰던 사람들이 어떻게 비약하여 천재의 반열에 오를 수 있었을까?《누구나 천재가 될 수 있는 한 가지 법칙》에서 김병완은 도약의 순간을 이렇게 설명한다.

물이 끓기 위해서는 100도가 되어야 한다. 90도에서는 절대 물이 끓지 않는다. 천재로 도약하기 위해서도 이와 마찬가지이다. 재능의 임계점을 돌파해야 하는 것이다. 임계점을 돌파하기까지에는 수많은 연습과 훈련이 필요하다. 100%의 노력을 하지 않았다면 이 세상에는 우리가 알고 있는 그런 천재가 될 수 있었던 사람은 한 명도 없을 것이다. 천재가 되지 못한 사람들은 90%의 노력이 전부라고 생각했던 사람들이다. 하지만 천재들은 99%의 노력도 부족하다는 사실을 확실하게 알았던 사람들이다. 즉 그들은 99%의 노력과 1%의 노력이 합쳐져야 100%의 성공을 이루고, 1%의 성공한 천재가 된다는 사실을 잘 알았던 사람들이다.

그의 말에서 우리가 주목하는 것은 바로 눈에 보이지 않는 99%의 노력이다. 우리는 대개 천재를 바라볼 때 마지막 결과인 1%만을 부각해서 본다. 그러나 천재를 낳은 비밀은 임계점까지 이르는 99%의 과정에 있다. 보이지 않는 이 과정을 주목해야 천재가 바로 보인다. 천재와 범재의 차이는 임계점에 도달하느냐 아니냐의 차이일 뿐이다. 예컨대 우리가 물을 끓일 때, 대다수의 범재들은 80도에서 불을 끈다. 반면 천재들은 변화가 일어나는 임계점에 대한 인식이 분명하다. 그들은 물이 확실하게 끓어 넘치는 100도가 되어서야 불을 끈다.

노력을 하는데도 성과가 보이지 않아 포기하고 싶은 순간이 올 수도 있다. 바로 이 순간이 임계점에 도달하기 직전이라는 사실을 명심하라. 그 시점을 잘 견디고 넘어서야 한다. 그것은 당신이 또 다른 존재로 탈바꿈하는 순간이다. 천재로 도약하기 위한 결정적인 시점이다. 중요한 것은 절대 포기하지 않는 정신이다.

무엇이 나를 포기하지 않게 하는가?

우리에게 필요한 것은 끝까지 '포기하지 않은 열정'이다. 그 열정을 쏟아 부을 대상을 어디서 찾을 것인가? 대다수 사람들은 열정을 쫓으라고 말한다. 그러나 더크워스는 자신의 저서《그릿》에서 열정은 쫓는 것이 아니라 '발견하고 키우는 것'이라고 충고한다. 당신이 열정을 느끼는 일이 있다면 누군가에게서 열정을 쫓으라는 말을 들을 필요가 없다. 열정을 쏟을 대상을 찾아야 한다. 하지만 그 대상은 한순간에 계시처럼 오지 않는다. 더크워스는 자신이 푹 빠질 수 있는 대상을 찾을 때까지 계속 기웃거릴 것을 권한다. 가능하면 외부 세계와의 많은 접촉과 경험을 통해서 관심사를 찾는 것이 효율적이라고 한다.

관심은 사소한 것에서 시작된다. 〈탁월성의 일상성(Mundanity of Excellence)〉이라는 논문에서 사회학자 댄 챔블리스(Dan Chambliss)는 '인간의 빛나는 업적들은 실은 평범해 보이는 무수한 개별 요소의 합'이라고 말한다. 이 말은 당신이 일상 속에서 발견하는 아주 작은 장점이라는 조약돌들이 수없이 모이면 탁월함이라는 거대한 탑을 이룰 수 있다는 뜻이다. 당신이 열정을 쏟을 대상을 찾는 것은 아주 사소한 일에서 출발할 수 있다. 과정은 작지만 그것들이 모인 결과는 클 수가 있다.

작은 관심사들을 모아서 분류한 다음 자신에게 이런 질문을 던져 보라. 나는 어떤 생각을 자주 하는가? 내 마음이 쏠리는 곳은 어디인가? 내게 가장 중요한 것은 무엇인가? 무엇을 할 때 가장 즐거운가? 이렇듯 자신의 마음이 끌리는 것을 대략적으로 분석해보는 것이 중요하다. 한 번에 명쾌하게 자신의 관심사를 찾는 일은 드물다. 먼저 큰 숲을 한번 그려보라. 그 숲을 바탕으로 나무 한 그루 한 그루를 파악해야 한다.

질적으로 다른 연습을 하라. 열정을 쏟을 대상을 발견했다면 끊임없이 연습하라. 그저 연습량을 무조건 많이 늘리라는 말이 아니다. 최고가 되고 싶다면 '의식적인 연습'을 하라고 더크워스는 충고한다. 최고가 되는 전문가들의 연습은 질적으로 다르다. 그들은 도전적인 목표를 설정하고 전체 기술 중 특정 부분에 먼저 집중한다. 특히 뚜렷한 약점을 개선하려고 노력한다. 예컨대 바이올린의 거장 로베르토 디아스(Roberto Díaz)는 "아킬레스건, 즉 문제 해결이 필요한 특정 연주 부분을 찾아내려고 노력했습니다"라고 말한다.

전문가들은 약점 부분을 집중적으로 연습을 한 다음 즉각적으로 피드백 받는 것을 좋아한다. 이때 부정적인 피드백을 적극적으로 수용하는 자세가 중요하다. 피드백을 바탕으로 그들은 다시 처음 목표한 것을 자연스럽게 수행할 때까지 반복해서 연습한다. 더크워스는 이러한 과학적 원리를 이해하여 의식적인 연습을 100% 활용할 것을 권한다. 이렇게 한 부분을 완전하게 만들 수 있게 되면 목표를 좀 더 높일 필요가 있다. 한번 임계점이라는 정상을 맛본 사람은 다음 봉우리도 쉽게 오를 수 있다.

세상을 위해
즐겁게 살게 하라

●

●

승자가 되면서 동시에
타인을 도와라

여러분은 미래의 꿈을 이야기할 때 누구에게 초점을 두는가?

세 부류의 아이들이 있다. 첫째 부류는 자신에게 초점을 두어 말한다. 예컨대 "패션디자이너가 되고 싶어요. 재미있을 것 같아요." 둘째 부류는 타인에게 초점을 둔다. "의사가 되어 다른 사람을 돕고 싶어요." 셋째 부류는 자신과 타인을 동시에 언급한다. "내가 해양생물학자라면 모든 바다가 깨끗해지도록 힘쓸 거예요. 우선 한 군데를 골라서 그곳의 물고기와 모든 생물을 도울 거예요."

어떤 부류의 아이들이 그릿(Grit)을 기르는 데 유리할까?

더크워스의 조사에 따르면 자신과 타인을 동시에 언급했던 셋째 부류의 아이들이 한 가지 동기만 언급했던 첫째 부류의 아이들보다 학업을 더 의미 있는 일로 생각했다. 와튼스쿨의 교수 애덤 그랜트 (Adam Grant)의 연구 결과도 비슷하다. 개인적 흥미와 사회적 관심사를 둘 다 가진 사람들이 자기중심적인 동기만 가진 이들보다 장기적으로 실적이 더 좋았다. 곧 자신과 세상을 동시에 이롭게 할 방법을 생각하는 아이들이 자신의 목표를 더욱 소중하게 여긴다는 뜻이다. 결국 아이들이 자신이 하는 일을 소중히 여길 때 열정과 끈기가 높아진다는 말이다.

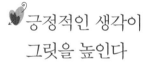

긍정적인 생각이 그릿을 높인다

우리는 일상 속에서 많은 스트레스에 노출되어 있다. 그러나 그 스트레스 상황을 대처하는 방법은 각자가 다르다. 체념하고 그 상황에 굴복하는 사람도 있고, 반대로 상황을 극복할 방법을 찾는 사람이 있다. 우리에게 무력감을 주는 것은 스트레스라는 고통 자체가 아니라 나 자신이 '통제할 수 없다'는 생각이다. 1964년 마틴 셀리그먼(Martin Seligman)과 스티브 마이어(Steve Meyer)는 '학습된 무력감(learned helplessness)' 실험으로 이를 증명했다.

서로 다른 우리에 개를 넣고 전기충격을 가했다. 한 우리에는 개가 스스로 충격을 멈출 수 있는 패널장치가 있지만, 다른 우리에는 이런 장치가 없다. 전기충격을 가했을 때 멈춤 장치가 있는 우리의 개는 패널을 눌러 충격에서 벗어났다. 반면 장치가 없는 우리의 개는 아무리 해도 충격에서 벗어날 방법이 없다. 개들은 대부분 무력감에 빠지고 포기하고 말았다. 다음 날, 마틴 셀리그먼과 스티브 마이어는 개가 충분히 빠져나올 수 있는 칸막이가 있는 우리에 개들을 넣고 전기충격을 가했다. 전날 패널을 눌러 스스로 충격을 피할 수 있었던 개는 칸막이를 넘어 탈출했다. 반면 충격을 통제할 수 없었던 개는 그냥 충격이 끝나기를 기다리며 웅크리고 낑낑대기만 했다.

이 실험은 한 번 학습된 무력감이 스스로 탈출을 포기하게 만든다는 것을 보여준다. 우리가 일상 속에서 어떤 난관에 부딪혔을 때 쉽게 포기하는 것은 스트레스와 장애물 때문만은 아니다. 나 스스로 통제할 수 없다는 무력감이 더 큰 원인일 수 있다.

학습된 무기력에서 빠져나올 수 있는 방법은 없을까? 셀리그먼은 학습된 무기력에 대처하는 방안을 연구하여 '학습된 낙관주의(learned optimism)'라는 이론을 내놓는다. 앞선 실험에서 피할 수 없는 전기충격을 경험한 개들 중 3분의 2는 아예 포기를 했지만 3분의 1은 끊임없이 고통을 줄일 방도를 모색했다.

'무엇이 3분의1로 하여금 스트레스 앞에서도 끈질기게 포기하지 않도록 만드는가?'

그는 문제 상황을 바라보는 방식에서 차이가 난다는 것을 밝혀냈다. 곧 긍정적으로 보느냐 부정적으로 보느냐의 문제이다. 즉 긍정적인 사람은 현재의 고통을 '일시적이고 부분적인 일'이라 생각한다. 반면 부정적인 사람은 이 상황을 '영구적이고 전부'로 인식한다. 비관론자는 작은 불행을 겪으면 전체를 부정해버린다.

"나는 되는 일이 하나도 없어. 나는 실패자야."

이렇게 되면 자신이 바꿀 수 있는 상황은 별로 없다. 그러나 낙관적인 사람은 "내가 시간 관리에 실패했어" 혹은 "주의가 산만해서 효율적으로 일하지 못했어"와 같이 문제점을 구체적이면서 일시적인 것으로 파악한다. 얼마든지 해결 가능성이 있다고 생각하고 문제를 극복할 동기를 갖게 된다.

그렇다면 그릿을 가진 사람들은 장애물을 어떻게 받아들일까? 그들은 상황을 낙관적으로 바라본다고 한다. 더크워스는 스스로 문제 상황을 통제할 수 있다는 긍정적인 생각이 그릿을 강화시킨다고 했다.

긍정적인 사고방식은 어떻게 만들어질까? 심리학자 캐럴 드웩(Carol Dweck)은 당신이 어린 시절에 무엇을 아주 잘했을 때 주변 사람들이 무엇에 대해 칭찬했는지를 떠올려보라고 한다. 당신의 재능에 대해 칭찬했는지, 노력에 대해 칭찬했는지를 생각해보라. 전자라면 당신은 '고정형 사고방식'을 가질 것이고, 후자라면 '성장형 사고방식'을 가지게 될 것이라고 드웩은 말한다.

그러므로 이제부터 아이의 재능보다 노력하는 모습을 마음껏 칭찬하라. 노력하는 과정을 칭찬하면 아이는 긍정적인 사고방식을 갖게 될 것이다. 그것은 자기긍정성을 높이는 최고의 방법이다. 이러한 긍정에서 절대 포기하지 않는 정신이 나온다. 그 불굴의 정신만 지니면 당신의 아이는 천재로 도약할 임계점에 이르게 될 것이다.

5

생각으로 천재를 낳은 부모들

"교육이란 머릿속에 씨앗을 심어주는 것이 아니라,
씨앗들이 자라나게 해주는 것이다."

– 칼릴 지브란(Kahlil Gibran) –

놀이로 흥미를 일깨우다
- 안데르센의 아버지 -

부모는 아이의
첫 스승이다

한스 크리스티안 안데르센(Hans Christian Andersen, 1805~1875)은 세계적으로 유명한 덴마크의 동화작가이다. 그는 《엄지 공주》, 《꿋꿋한 양철 병정》, 《인어공주》, 《벌거벗은 임금님》, 《성냥팔이 소녀》, 《미운 오리 새끼》와 같은 아동문학의 최고봉으로 꼽히는 수많은 걸작 동화를 비롯해 200여 편의 동화를 발표했다. 안데르센 동화의 특징은 서정적인 정서와 아름다운 환상의 세계 그리고 따스한 휴머니즘에 있다고 한다. 아름답고 따뜻한 스토리는 시적 재능을 가진 아버지의 보살핌에서 시작되었다.

안데르센은 1805년 덴마크 제2의 도시 오덴세에서 태어났다. 이 도시에는 많은 귀족과 지주가 살았다. 그의 아버지는 가난한 구두수선공이고, 어머니는 남의 집 빨래를 하는 세탁부였다. 가난한 가정형편으로 안데르센은 어릴 적부터 친구들로부터 따돌림과 멸시를 받으며 자랐다. 그는 밖에서 친구들과 어울려 놀지 못하고 주로 집안에서 뒹굴었다. 그에게 친구가 되어준 것은 바로 아버지였다. 이 대목을 《평범한 아버지들의 위대한 자녀교육》에서 작가 진탕은 자세히 소개한다. 아버지는 아들이 친구들로부터 놀림과 따돌림을 당하여 의기소침해 있을 때 이런 말로 위로해주었다.

"얘야, 걱정하지 말거라. 내가 너하고 재미있게 놀아줄 테니까."

일을 마치고 돌아온 아버지가 선택한 놀이는 주로 책읽기였다. 친구들과 어울리지 못하고 하루 종일 외톨이가 된 아들에게 아버지는 다양한 등장인물들이 나오는 재미있는 책을 읽어주었다. 고대 아랍의 《아라비안 나이트》와 같은 흥미진진한 이야기로 아이의 외로움을 달래주었다. 때로는 덴마크의 희곡작가 홀베르그나 영국의 셰익스피어의 희곡을 읽어주었다. 현실 속에서 상처받은 어린 안데르센은 아버지와 책을 읽으며 마음껏 상상의 세계를 펼쳤다. 현실에서 만나지 못하는 친구들을 이야기 속에서 만난 것이다. 동화 속에서 스스로 다양한 친구들과 함께 어울려 놀았다. 아버지는 자신이 어렸을 때 힘들게 살아온 이야기나 가난한 사람들의 이야기를 들려주기도 했다. 이러한 영향으로 안데르센의 동화 속에서 가난한 사람들에 대한 동정심과 따뜻한 휴머니즘이 들어 있다.

아버지가 제안한 두 번째 놀이는 인형극이었다. 안데르센 주변의 부잣집 아이들은 멋진 장난감을 가지고 놀았다. 하지만 아버지는 장난감을 사줄 형편이 못되었다. 아들이 장난감을 갖고 싶어 다른 아이들을 부러워하는 눈빛을 보고 마음이 아팠다. 어느 날 아버지는 자투리 나무토막을 깎아 인형을 만들어 아들에게 주었다. 안데르센은 뛸 듯이 기뻐했다. 목각인형은 최고의 장난감이었다. 아버지가 아들에게 말했다.

"애야, 이 목각인형으로 훨씬 더 재미있게 놀 수도 있어. 인형들에게 옷을 입혀서 인형극을 해볼까?"

안데르센은 어머니에게 조각 천을 얻어 직접 바느질을 했다. 소년의 바느질은 서툴었지만 어머니의 도움으로 인형의 옷을 만든다는 것 자체가 즐거운 일이었다. 아버지는 책상을 붙여 무대를 만들고 어머니의 스카프로 무대커튼을 만들어 막을 올렸다. 첫 번째 인형극 작품은 홀베르그의 희곡이었다. 안데르센 부자는 신이 났다. 두 사람은 극 속의 등장인물이 되어 대사를 외우고 인형을 직접 움직여 연출까지 했다. 마치 자신들이 전문 연극배우가 된 듯 울고 웃으며 연극에 몰입했다. 어머니는 남편과 아들이 공연하는 연극놀이에 관객이 되었다. 관객까지 생기니 안데르센은 신이 났다. 어린 시절, 아버지와의 놀이를 통해 안데르센은 창작의 바탕을 쌓을 수 있었다.

아버지는 어려운 생활 속에서도 어린 안데르센의 마음을 풍요롭게 해주고 싶었다. 신기한 소품들을 이용하여 초라한 집을 작은 동화 세계처럼 꾸며주었다. 집 안의 벽을 많은 그림으로 장식하고, 선반 위에는 장난감을 직접 만들어 올려놓았다. 창문 유리에는 풍경화를 그려 넣고, 책장은 많은 책과 악보로 가득 채웠다. 아버지의 배려로 작고 초라한 집이 안데르센에게는 상상의 날개를 펴는 위대한 공간으로 바뀌었다.

안데르센이 아버지와 함께한 또 다른 놀이는 세상 구경이었다. 아버지는 기회가 있을 때마다 어린 아들을 데리고 거리를 걸으면서 세상 사람들의 사는 모습을 보여주었다. 예컨대 생계를 위해 열심히 땀흘리는 수공업자들, 음식을 구걸하는 거지, 마차를 타고 거리를 지나는 귀족과 지주들의 의기양양한 표정들을 관찰했다. 어릴 적부터 현실의 삶을 관찰하면서 안데르센은 가난하고 약한 사람을 이해하고 받아들일 수 있는 가치관을 갖게 되었다고 한다.

가정은 인생의 첫 학교다

안데르센의 가정교육은 우리에게 무엇을 시사하는가? 어린 자녀에게 가정은 세상의 전부다. 가정에서 아이는 세상을 바라보는 눈을 배운다. 가정은 아이의 첫 번째 학교이고, 부모는 아이가 세상에서 만나는 첫 스승이다. 아이는 부모와 관계 속에서 생애 첫 교육을 시작하게 된다. 부모가 어떤 시선으로 세상을 바라보는가에 따라 아이의 시선도 달라진다. 안데르센의 부모는 가난하고 가정형편이 어려웠지만, 세상을 따뜻한 시선으로 바라보았다. 또한 아이의 좋은 놀이친구가 되어주고 가난한 집을 오히려 상상의 공간으로 바꾸어놓았다. 안데르센 부모는 아이와 인형극을 통하여 세상을 이해하게 하고 상상의 날개를 달아주었다.

자라는 아이에게 필요한 것은 풍요로운 환경이 아니라, 풍요로운 생각을 할 수 있게 해주는 환경이다. 부모는 가진 것이 없어도 자녀에게 훌륭한 정신적 유산을 물려줄 수 있다. 위대한 정신은 부모의 생각에서 비롯된다. 천재를 키우는 것은 어린아이의 생각을 키우는 것이다. 그 생각은 부모의 따뜻한 배려와 관심 속에서 성장한다.

아이의 꿈을 지지하다
- 하이젠베르크의 아버지 -

●

●

🦋아들과 꿈이
달랐던 아버지

___

베르너 하이젠베르크(Werner Karl Heisenberg, 1901~1976)는 양자
역학을 창시한 독일의 물리학자이다. 그는 미시적인 세계를 지배하는
양자역학이라는 현대물리 이론을 수립하여 1932년 노벨물리학상을
수상했다. 《과학인물 백과사전》은 그를 이렇게 소개한다.

19세기만 해도 물리학은 육안이나 감각으로 직접 식별할 수 있
는 거시 세계에 대한 탐구를 중심으로 발전했다. 20세기에 들어
와 물리학은 맨눈으로 볼 수 없는 미시 세계를 본격적으로 다루
기 시작했다. 미시 세계는 일상 세계와 달리 확정하기 어려운 점

이 많아서 그것을 과학적으로 규명하기가 쉽지 않았다. 이러한 한계를 극복하면서 인간의 이해에 새로운 지평을 열어 준 사람이 베르너 하이젠베르크이다.

하이젠베르크가 양자역학이라는 새로운 물리학 이론을 완성할 수 있었던 것은 그를 가르친 스승들 덕분이었다. 즉 그는 당대의 일류 물리학자들을 스승으로 모시고 공부할 수 있는 행운을 누렸다. 훗날 그는 이렇게 말했다.

"나는 뮌헨의 조머펠트(Arnold Sommerfeld)에게는 물리학이 연구해볼 만한 학문이라는 희망을 배웠고, 괴팅겐의 보른(Max Born)에게서는 수학을, 그리고 코펜하겐의 보어(Niels Bohr)에게서는 철학을 배웠다."

그가 대학에 진학하여 학문적으로 큰 도움을 받은 스승들을 가리키는 말이다.

하이젠베르크가 위대한 스승들을 만나게 된 것은 아버지의 현명한 선택 덕분이었다. 장화, 금파의 《위대한 자녀교육》에 따르면 아버지 아우구스트 하이젠베르크는 유명한 역사학 교수였다. 아버지는 아들이 자신의 뜻을 이어받아 역사학자가 되길 원했다. 그러나 아들은 과학 쪽에 관심이 더 많았다. 아버지와 아들의 꿈이 서로 달랐던 것이다.

어릴 적에 호기심이 많던 하이젠베르크가 아버지에게 수많은 질문을 했다. 아버지는 아들의 질문에 하나씩 답을 해주었다. 그러나 질문이 점점 어려워지자 아버지가 답을 해줄 수 없는 경우가 많아졌다. 아버지는 미안한 마음이 들기도 했지만 한편으로는 아들이 과학에 대한 흥미를 잃기를 바랐다. 그러면 아들이 역사학에 관심을 갖게 되리라 기대했던 것이다. 그러나 하이젠베르크는 물리학자인 외삼촌을 찾아갔다. 아버지에게서 얻지 못한 답을 외삼촌에게서 답을 들으며 오히려 과학에 대한 관심을 더 키우게 되었다.

하이젠베르크가 열 살 무렵이었던 어느 날이었다. 학교에서 수업을 마친 아이들이 집으로 돌아오는데, 하이젠베르크만 돌아오지 않았다. 걱정이 된 아버지가 아들을 찾아 나섰다. 몇 시간을 뒤져 아버지가 아들을 찾은 곳은 학교의 실험실이었다. 아이는 시간이 가는 줄도 모르고 물리실험에 빠져 있었다. 아들의 모습을 본 아버지는 밤새도록 고민했다. 그리고 이러한 결론에 도달하게 된다.

'아이는 부모의 그림자가 아니다.'

❦아이는 부모의 그림자가 아니다

아버지는 자신의 기대를 조용히 접고, 아들의 꿈을 밀어주기로 한 것이다. 그때부터 아들이 집에서 마음껏 실험할 수 있도록 방을 만들어주고, 과학을 지도해줄 가정교사도 붙여주었다. 아버지의 선택과 지원 덕분에 하이젠베르크는 1920년 장학생으로 뮌헨대학에 진학한다. 여기서 그는 이론물리학자 조머펠트에게서 배웠다. 조머펠트는 보어와 함께 양자에 대한 가정을 토대로 원자모형을 세운 사람으로 후학을 양성하는 능력이 뛰어났다. 박사학위를 받은 후 하이젠베르크는 괴팅겐대학의 막스 보른 밑에서 공부하고 1년 만에 대학교수 자격을 얻는다. 이어 1924년 하이젠베르크는 록펠러 재단의 장학생으로 선발되어 코펜하겐대학으로 가서 보어와 함께 연구하게 되었다. 여기서 전 세계에서 모여든 이론물리학자들과 열띤 토론을 벌이면서 양자론을 연구하여 새로운 '양자역학'이라는 물리학 이론을 세우게 된다.

당신이 하이젠베르크의 부모라면?

당신이 하이젠베르크의 부모라면 어떤 선택을 할 것인가? 아들의 꿈을 지지할까 아니면 당신의 꿈을 권유할까? '당신의 자녀는 이미 천재다.' 이 명제를 진심으로 받아들일 수 있다면 답은 자명해진다. 생각을 살짝만 바꾸면 당신은 현명한 선택을 할 수 있다. 아직도 우리나라 부모들은 자식에 대한 사랑이 지극한 나머지 걱정이 많다. 혹시라도 자녀가 잘못될까 전전긍긍한다. 부모로서 자녀에 대한 걱정은 당연한 일이다. 문제는 걱정 자체가 아니다. 이러한 걱정 속에는 자식에 대한 불신이 숨어 있는 것이다. 자녀에 대한 믿음이 없으니 불안한 것이다. 부모의 불안한 마음 때문에 자녀를 계속 품속에 두려고 한다. 그렇게 되면 자녀는 스스로 성장할 기회를 갖지 못한다. 이것이 진정한 문제이다.

걱정이 많은 부모들은 자녀들에게 안정된 직업을 선택하게 한다. 때문에 아이들에게 꿈을 물으면 부모의 바람과 생각에서 크게 벗어나지 않는다. 조벽 교수는 이러한 현상을 두고 '꿈마저 주입하는 사회'라고 했다.

우리 교육의 문제점을 주입식 교육이라 하지만 자녀의 꿈마저 주입시키는 것이 가장 큰 문제라고 생각한다. 주입된 꿈은 꿈이 아니라 악몽이다. 비록 남이 주입한 꿈을 이뤄서 남의 눈엔 성공한 것처럼 보여도 정작 본인은 두고두고 악몽에 시달리며 불행하게 산다.

진짜 문제는 부모들이 자신도 모르는 사이에 자녀에게 꿈을 강요한다는 데 있다.

하이젠베르크의 아버지는 현명했다. 아이의 관심을 발견하고 부모의 꿈을 단박에 버릴 수 있는 용기가 있었다. 아이는 자신의 그림자가 아님을 알아차리는 것이 바로 부모의 지혜다. 현명한 부모는 자녀가 가진 내면의 능력을 믿는다. 그리고 스스로 그 능력을 발휘할 수 있도록 조건을 마련해준다. 자녀의 잠재능력이 보이지 않는 것은, 실제로 능력이 없어서가 아니라 부모의 마음과 눈이 닫혀 있기 때문이다. 부모가 생각만 살짝 바꾸어도 생활 속에서 많은 잠재능력을 발견할 수 있다. 아이의 꿈은 하늘에서 저절로 떨어지는 것이 아니다. 아이와 부모가 스스로 탐색하고 발견해야 한다. 부모는 아이가 자신의 꿈을 펼쳐나갈 때 기댈 수 있는 든든한 언덕이어야 한다.

대자연속 여행으로 감성을 깨우다
- 타고르의 아버지 -

●

●

🦋인도가 낳은
시성

___

타고르(Rabindranath Tagore, 1861~1941)는 인도의 시인이다. 50여 권의 시집을 출간하였고 인도의 시성(詩聖)으로 추앙받고 있다. 그는 수많은 문학, 철학, 정치 등 인문서를 출간하고, 1500여 폭의 그림과 많은 음악을 작곡하여 후대에 큰 영향을 미쳤다. 1912년 타고르의 영어판 시집 《기탄잘리(Gitanjali)》가 영국에서 간행되었다. 이것은 시인 W.B.예이츠가 원고를 읽고 크게 감동한 나머지 서문을 붙여 적극적으로 출간을 주선한 시집이다. 이 작품집 덕분에 타고르는 하루아침에 인도를 대표하는 시인으로 전 세계에 널리 알려지게 되었다. 이듬해인 1913년에 타고르는 아시아 최초로 노벨문학상을 수상하게 된다. 이 무렵 인도가 영국의 식민지였던 것처럼 우리나라도 일본의 식민지배하에 있었다. 이때 타고르는 우리 한국에 '동방의 등불'이라는 시를 선사하여 우리 국민들에게 큰 용기를 주었다.

위대한 자연과 교감하다

불타오르는 듯한 타고르의 시적 영감과 감성들은 어디에서 비롯되는가? 장화, 금파는 《위대한 자녀교육》에서 타고르가 위대한 시인으로 그토록 풍부한 감성을 갖고 성장하게 된 것은 아버지와 함께 떠난 위대한 여행 덕분이라고 했다. 여행을 좋아했던 아버지는 타고르가 어릴 때부터 산과 숲을 함께 걸으며 자연을 접할 기회를 많이 제공했다. 숲속에서 퍼져 나오는 꽃향기를 맡고, 하늘을 자유롭게 나는 새들의 노랫소리를 들으며 자연과 교감하게 했다. 아버지는 아들이 자연의 신비로움 속에서 인간의 위대함과 세상의 이치를 깨닫기를 바랐던 것이다.

열두 살이 되던 해, 타고르는 아버지와 함께 떠난 에베레스트 산에서 평생 잊지 못할 추억을 마음속에 새겼다. 그 여행에서 타고르가 느꼈던 벅찬 감동을 《위대한 자녀교육》에서는 이렇게 묘사하고 있다.

여행이 시작되고 부자는 첫 번째 목적지인 산티니케탄(산티니케탄: 인도벵골주 북서쪽에 위치한 도시. 타고르가 나중에 학교를 세운 뒤 대학도시로 불린다.)이라는 드넓은 평야지대에 도착했다. 그곳은 초원과 황무지가 조화롭게 굴곡을 이루며 푸른 하늘과 흰 구름이 맞닿아 한 폭의 유화를 방불케 했다. 타고르는 광활한 자연에 도취되어 가슴속에 자유가 한껏 들어오는 벅찬 감동을 느꼈다.

에베레스트 산에 도착한 것은 3월이었다. 산의 봄은 느리게 찾아와 아직 쌀쌀한 날씨였다. 그들은 잠시의 휴식 후 바로 해발 7000미터에 달하는 봉우리를 향해 출발했다. 걷다가 말을 타거나 가마에 타기도 하며 등반은 계속되었다. 그러면서 만나는 하늘을 찌를 듯이 높이 자라난 소나무, 싱그러운 봄꽃, 아름다운 새들의 노랫소리, 하늘을 수놓은 흰 구름, 산봉우리를 덮고 있는 흰 눈, 구불구불 뻗은 산길, 이 모든 것이 타고르에게는 천국의 경치처럼 느껴졌다. 호기심 가득한 어린 타고르의 마음은 완전히 자연에 사로잡혔다.

세상에서 가장 높은 산봉우리들이 즐비한 산맥을 아버지와 함께 오르는 소년 타고르는 어떤 심경이었을까? 히말라야 최고 봉우리 에베레스트를 향해 오를 때 타고르는 무엇을 느꼈을까? 아마도 가장 소중한 경험은 '호연지기(浩然之氣)'일 것이다. 가장 높은 산 정상에 올라 넓고 광활하게 펼쳐진 자연 앞에서 의식이 무한대로 확장되는 경험을 했을 것이다. 세상의 모든 것을 품어 안을 수 있는 자연의 위대한 정신을 물려받은 것이다. 모든 것으로부터 벗어나는 자유로운 마음이 밀려오는 벅찬 감동을 맛보았을 것이다. 그 아름답고 큰 위대한 자연 앞에서 어린 타고르는 천국의 품에 안긴 느낌을 받았을 것이다. 나중에 타고르는 자신의 시 속에서 에베레스트를 '마음속의 연인'이라 했다.

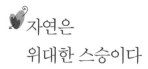

자연은
위대한 스승이다

자연과 교감한다는 뜻은 하나가 된다는 말이다. 광활한 자연과 하나가 될 때 우리는 절대 불의에 굽히지 않고 흔들리지 않는 위대한 정신을 배운다. 하늘과 땅 사이에 가득 찬 넓고 큰 정기를 받아 그 위대한 정신을 실현할 에너지를 얻는다. 세상의 모든 고통을 이겨낼 자유로운 마음으로 조금도 부끄럼 없이 세상을 살아갈 용기를 얻는다.

아침이면 아이의 손을 잡고 높은 산봉우리에 올라 온 세상으로 빛을 던지는 저 위대한 태양 앞에 서보라. 온몸으로 그 강렬한 빛 화살을 맞아보라. 저녁 무렵이면 세상의 모든 빛을 거두어 어둠을 준비하는 저 평화로운 저녁노을을 지켜보라. 밤이면 모든 존재들을 휴식하게 하는 저 절대적 어둠의 장막 속으로 들어가 조용히 눈을 감아보라. 때때로 가만히 고개를 들어 온 하늘을 장대하게 수놓은 1천억 개의 별들이 모인 은하계를 우러러보라. 그리고 낮은 목소리로 자신에게 물어보라.

"나는 어디에서 왔는가? 그리고 어디로 가는가?"

인도의 시성(詩聖) 타고르는 어린 시절 아버지와 함께 히말라야에서 4개월간 머물면서 이런 정신을 배운 것이다. 타고르의 정신세계를 잘 보여주는 시집은 《기탄잘리》이다. 그는 이 시집을 발표하고 1913년 동양인으로는 처음으로 노벨문학상을 수상하는 영예를 안았다. 타고르의 정신은 인도의 사상을 대변한다. 시집의 제목 '기탄잘리'는 '신에게 바치는 송가(頌歌)'라는 뜻이다. 타고르는 연인 사이의 감정을 빌려 인간과 신의 관계를 103편의 연작시로 노래했다. 다음은 제1편이다.

《1》

당신은 나를 무한케 하셨으니 그것은 당신의 기쁨입니다.
이 연약한 그릇을 당신은 비우고 또 비우시고
끊임없이 이 그릇을 싱싱한 생명으로 채우십니다.
이 가냘픈 갈대피리를 당신은 언덕과 골짜기 넘어 지니고 다니셨고
이 피리로 영원히 새로운 노래를 부르십니다.
당신 손길의 끝없는 토닥거림에 내 가냘픈 가슴은

한없는 즐거움에 젖고 형언할 수 없는 소리를 발합니다.

당신의 무궁한 선물은 이처럼 작은 내 손으로만 옵니다.

세월은 흐르고 당신은 여전히 채우시고

그러나 여전히 채울 자리는 남아 있습니다.

시 전체에 흐르는 정신은 바로 자연과 내가 하나가 된 범아일여(梵我一如) 사상이다. 여기서 '당신'은 세상에 널리 퍼져 있는 우주적 영혼인 브라만(Brahman)으로 볼 수 있다. 인도의 우파니샤드 사상에 따르면 세상의 모든 존재는 우주의 유일한 중심인 브라만이 변해서 된 것이다. 곧 범아일여 사상이다. 전능의 신인 브라만은 모든 생물과 무생물 속에 내재되어 있다. 이때 만물의 모태가 되는 브라만은 나(Atman)와 하나가 된다. 이런 관점은 신과 인간, 부분과 전체를 통합적으로 바라보게 한다. 문태준 시인은 이 시에서 "당신 손길의 끝없는 토닥거림"은 내 안에 브라만이 존재한다는 뜻이면서 동시에 개별적 자아가 보편적 자아로 회귀하고자 하는 열망이라고 했다.

위대한 정신은 위대한 자연에서 태어난다. 아이에게 위대한 정신이 태어나도록 도와주는 사람이 바로 부모이다. 부모의 위대한 정신이 자녀에게는 가장 큰 유산이다.

과감히 아이를 독립시키다
- 헤밍웨이의 아버지 -

20세기
미국문학의 전설

    어니스트 헤밍웨이(Ernest Miller Hemingway, 1899~1961)는 《노인
과 바다》로 퓰리처상과 노벨문학상을 수상한 미국의 소설가이다. 그
외에 《무기여 잘 있거라》, 《누구를 위하여 종은 울리나》, 《해는 또다
시 떠오른다》 등이 있다. 그는 '하드보일드'라는 간결하면서도 힘이
넘치는 독특한 문체로 미국문학계의 혁명을 일으켰다. 작가의 감정
을 일체 섞지 않고 냉철한 자세로, 불필요한 수식을 빼버리고, 신속하
고 거친 묘사로, 사실만을 기록하는 방식이 바로 '하드보일드 문체'
다. 스웨덴 한림원은 1954년 헤밍웨이에게 "독보적인 문체와 스타일
로 현대 문학계에 큰 영향을 끼쳤다"며 노벨문학상을 수여했다. 한마

디로 헤밍웨이는 20세기 미국문학의 거대한 전설이다.

파멸당할지언정 패배하지는 않는다

현대 미국문학의 개척자라 불리는 헤밍웨이의 대표작은 단연코 《노인과 바다》다. 만년에 쓴 마지막 소설인 《노인과 바다》는 작가의 독특한 소설기법과 실존철학이 집약된 헤밍웨이 문학의 결정판이다. 이 소설은 쿠바 연안을 배경으로 거대한 물고기와 사투를 벌이다가 뼈만 남은 잔해를 끌고 돌아오는 늙은 어부 산티아고의 이야기다. 84일째 고기를 잡지 못하고 허탕만 치던 노인은 홀로 나간 바다에서 거대한 청새치를 잡는 데 성공한다. 이 물고기를 배에 묶고 돌아오려 하지만 피 냄새를 맡은 상어들의 공격을 받게 되고, 2박3일 동안 치열하게 싸운 끝에 간신히 상어 떼를 물리치지만 결국 머리와 뼈만 앙상하게 남은 물고기 잔해를 끌고 집으로 돌아오게 된다.

먼 바다에서 펼쳐지는 이 고독한 노인의 사투를 통해서 헤밍웨이가 던지고자 하는 메시지는 무엇인가?《한국 작가가 읽어주는 세계문학: 노인과 바다》에서 남진우는 "가없는 바다와 하늘이라는 자연의 원형극장을 무대로 펼쳐지는 이 드라마는 좌절을 모르는 불굴의 인간정신에 대한 찬양이자 광활한 우주 속에서 고독한 단독자로 존재하는 인간의 운명에 대한 비감 어린 헌사"라 했다. 인간이 위대해질 수 있는 것은 패배를 모르는 그 정신에 있다.

상어와 사투를 벌이며 노인이 뱃전에서 되뇌는 "인간은 파멸당할 수는 있어도 패배하지는 않는다(A man can be destroyed but not defeated)"는 말에서 우리는 헤밍웨이의 작가정신을 충분히 읽을 수 있다. '어떤 자세로 죽음을 맞이하느냐'는 헤밍웨이가 평생 추구해온 문학적 주제였다. 헤밍웨이는 비극적 상황에서도 자신에게 주어진 고난을 정면으로 받아들이고 묵묵히 시련을 견디는 고독한 영웅을 즐겨 그렸다. 이것이 헤밍웨이의 작가정신이다. 결코 무너뜨릴 수 없는 인간의 존엄을 지키고자 했던 헤밍웨이의 정신은 어디에서 비롯되었을까?

자유와 독립을 맛보게 하라

미국인의 교육은 '자유와 독립'에서 시작된다. 미국문학을 대표하는 작가 헤밍웨이에게도 이러한 모습이 여실히 드러난다. 진탕의 《위대한 자녀교육》에 따르면 헤밍웨이가 독특한 문체와 주제로 자신만의 분명한 색깔을 드러낼 수 있었던 것은 아버지의 영향 덕분이라고 한다. 아버지 클라렌스 헤밍웨이는 뛰어난 의사이자 재능 있는 운동

선수이며 환경연구원이었다. 특히 낚시와 사냥을 좋아했던 아버지는 아들과 취미를 공유하며 헤밍웨이의 성장에 커다란 영향을 미쳤다.

헤밍웨이는 1899년 미국 시카고의 오크파크에서 태어났다. 이곳은 아름다운 대자연의 풍경이 끝없이 펼쳐지고, 인간이 살기에 좋은 미시간 호숫가에 있었다. 여름이면 가족들은 미시간 호수에서 휴가를 즐겼다. 아름다운 대자연은 헤밍웨이에게 깊은 인상을 주었다. 그는 어린 시절부터 야외활동에 흥미를 갖게 된다. 아버지는 왕진을 갈 때마다 아들을 데리고 갔다. 부자는 틈틈이 낚시와 사냥을 즐겼다. 점점 대자연의 매력에 빠진 헤밍웨이는 늘 아버지를 따라다녔다.

헤밍웨이가 여덟 살 되던 해였다. 어느 날 아버지는 함께 길을 따라나서는 아들 앞을 막아섰다. 그러더니 이제 더 이상 아버지와 함께 갈 수 없다고 했다. 늘 자신을 데려가던 아버지가 갑자기 자신을 떼놓는 모습에 아들 헤밍웨이는 큰 충격을 받았다. 어린 헤밍웨이는 아버지에게 그 이유를 물었다.

"아버지, 제가 무슨 잘못을 했나요?"

아버지는 아이의 어깨를 다독거려주며 말했다.

"얘야, 네가 뭘 잘못해서 그런 게 아니다. 이제부터는 네가 좀 더 독립적으로 행동하길 바랄뿐이다. 그게 앞으로 너한테 더 도움이 될 거야."

아버지는 아들에게 낚싯대를 건네주었다.

"이제부터 네 혼자서 해보렴. 잘할 수 있을 거야."

이때부터 헤밍웨이는 강가에서 혼자 낚시를 하며 즐겁게 놀았다. 아들이 좀 더 자라자 이번에는 아버지가 사냥총을 건넸다. 이렇게 아버지의 지지와 격려 속에 헤밍웨이는 어려서부터 낚시, 사냥, 탐험에 푹 빠지게 되었다. 남에게 의존하지 않고 산으로 강으로 뛰어다니며 스스로 생존하면서 자유롭게 사는 법을 터득했다. 대자연 속에서 홀로 사색하고 독서하면서 감성이 풍부해졌다. 때로는 거대한 자연 앞에 혼자 도전하면서 점점 독립심을 기르게 되었다. 소년은 점점 남성으로 성장해갔다.

하얀 턱수염을 텁수룩하게 기른 작가 헤밍웨이의 별명은 '파파(papa)'였다. 별명처럼 그는 강인하고 거침없는 미국 남성들을 대표하는 상징적인 인물이었다. 헤밍웨이는 건장한 마초들의 영원한 우상이었다. 남진우는 《한국 작가가 읽어주는 세계문학: 노인과 바다》에서 20세기를 통틀어서 헤밍웨이보다 더 미국이라는 나라의 이미지와 부합하는 작가는 찾기 어렵다고 했다. 여기서 미국의 이미지란 미지의 세계에 과감히 도전하고 개척하는 모습을 말한다. 이런 미국적 이미지가 작가 헤밍웨이를 만날 때 가장 빛을 발한다는 뜻이다. 곧 헤밍웨이의 도전적인 작가정신은 미국의 개척정신과 일맥상통한다는 말이다.

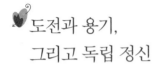

도전과 용기, 그리고 독립 정신

헤밍웨이의 도전정신은 어디에서 비롯되었을까? 《노인과 바다》에 나오는 노인의 모습을 가만히 살펴보면 작가 헤밍웨이 자신의 모습이 솔솔 배어나온다. 끝없는 바다를 배경으로 물고기를 찾아 85일간 헤매다가 자기 배보다 더 긴 청새치가 걸려들자, 노인은 피가 흐르는 손으로 작살을 던질 수 있는 거리까지 낚싯줄을 당기면서 자신의 한계를 시험한다. 이처럼 헤밍웨이는 자연의 도전에 맞서고 그것을 극복함으로써 자신의 가치를 증명해 보이는 인간을 그려내려고 했다. 이러한 주인공들은 곧 작가 자신의 모습을 그린 것이라 할 수 있다.

실제로 헤밍웨이는 1927년부터 플로리다주 키웨스트에 살면서 바다낚시에 몰두했다. 이런 경험은 훗날 그의 걸작 《노인과 바다》를 낳은 밑거름이 되었다고 한다. 1935년에 찍은 가족사진을 보면 바다에서 낚은 커다란 청새치 앞에서 포즈를 취한 헤밍웨이와 그의 두 번째 아내 폴린, 그리고 아들 패트릭, 존, 그레고리 삼형제의 모습이 나온다. 이 가족사진은 헤밍웨이가 자라던 어린 시절을 자연스럽게 연상시킨다.

작가 헤밍웨이가 끝없는 망망대해로 나아가 거대한 물고기를 상대로 목숨을 걸고 사투를 벌이는 남성다운 모습은 어린 시절 아버지로부터 배운 독립정신에서 비롯된 것이다. 꺾이지 않는 불굴의 정신으로 거대한 자연 앞에 당당히 맞서는 어부의 모습에서 독자들은 인간의 존엄을 느낀다. 극도로 험난한 환경 속에 홀로 자신의 몸을 던지는 인간의 용기는 위대한 정신에서 나오는 것이다. 이러한 도전정신을 자녀에게 물려주는 것은 부모의 위대한 유산이 될 수 있다. 험한 세상을 마주하여 스스로 헤쳐 나갈 수 있는 용기는 부모로부터 자유와 독립을 맛본 자만이 가질 수 있는 자산이기 때문이다. 어릴 때부터 모험을 즐길 수 있는 자유와 독립을 허락하라. 위대한 영웅이 탄생할 수도 있다.

자녀를 어떻게 기를 것인가?

우리나라 자녀교육의 모습을 단적으로 설명하는 용어가 있다. 바로 '헬리콥터맘'이다. 《시사상식사전》에 따르면 아이들이 성장해 대학에 들어가거나 사회생활을 하게 되어도 헬리콥터처럼 아이 주변을 맴돌면서 온갖 일에 다 참견하는 엄마를 지칭한다. 평생을 자녀 주위를 맴돌며 자녀의 일이라면 무엇이든지 발 벗고 나서며 자녀를 과잉보호하는 엄마들을 말한다. 헬리콥터맘이라는 개념은 우리나라 엄마들의 뜨거운 교육열을 나타내는 '치맛바람'에서 파생됐다. 헬리콥터맘은 착륙 전의 헬리콥터가 거센 바람을 뿜어내듯 거친 치맛바람을 일으키며 자녀 주위에서 맴도는 어머니를 빗댄 용어다.

부모가 모든 것을 다 대신해주는 자녀교육은 어떤 폐해를 몰고 올까? 가장 심각한 것은 자녀들을 무기력하게 만든다는 점이다. 아이들은 어떤 일을 스스로 하려는 의욕도 없을뿐더러 스스로 나서서 결정하지도 못한다. 이러한 자녀들을 '결정장애 세대'라 부른다.

자녀교육의 목표가 무엇인가? 아이들이 건강하게 자라서 부모로부터 독립하고 스스로 살아가도록 도와주는 것 아닌가? 그런데 우리의 많은 부모들은 자녀들이 스스로 무엇을 결정하고 실행할 수 있는 기회를 좀처럼 주지 않는다. 아이들에게 스스로 무엇을 하도록 믿고 맡겨본 적이 없기 때문이다. 그런 상태로 자라면 자녀는 성인이 되어도 스스로 할 수 있는 것이 없다. 부모 또한 자녀가 스스로 무엇을 하려고 해도 불안하기만 하다.

하지만 문제는 다른 것에 있을 수도 있다. 부모가 모든 것을 다 해주었을 때 자식은 처음에는 고마운 마음이 들 것이다. 그러나 살다가 조그마한 불편함이 생기면 부모를 원망할 수 있다. 부모가 선택하고 결정한 일이기 때문이다. 반면 자기가 스스로 선택한 일은 어디에도 불평할 곳이 없다. 그 불편함마저 스스로 감수할 마음을 갖게 된다. 작은 일이라도 스스로 해결하고 나면 자신감과 뿌듯함이 생길 수가 있다.

264

부모는 자녀가 스무 살이 넘으면 성인으로 대접해야 한다. 그리고 당당하게 부모로부터 독립할 수 있도록 가르쳐야 한다. 그러나 많은 부모들은 다 큰 자식들을 계속 어린애 취급한다. 끝까지 자식에 대한 집착을 놓지 않으며 불안해한다. 이렇게 되면 자녀들은 어른이 되어서도 힘든 일이 생기면 늘 부모의 얼굴만 바라보게 된다. 자녀는 성장하면서 정신적으로 경제적으로 부모로부터 독립하는 것을 가장 자랑스럽게 생각해야 한다. 부모는 자식을 낳아서 20세까지만 키워놓으면 할 일을 다 한 것이다. 나머지는 성인인 자식이 스스로 개척해야 할 부분이다.

자식을 애지중지한다는 것은 세 살 이전에 하는 말이다. 그 시기에는 부모의 절대적 보살핌이 필요하다. 3세에서 13세까지는 부모가 행동으로 보여주는 시기다. 아이는 부모의 행동을 모방하며 배운다. 13세에서 19세까지 사춘기에 부모는 그저 자식을 바라보아야만 한다. 그 시기에 아이들은 자아가 생겨나고 스스로 결정하려고 한다. 부모의 간섭을 제일 싫어하고, 심리적으로 매우 불안정하다. 시행착오를 가장 많이 겪는 시기이기도 하다. 이때 부모는 자녀의 실패를 이해하고 지지해주는 것이 필요하다. 그러나 20세가 되면 모든 지원을 끊어주는 것이 부모의 할 일이다. 이것이 현명한 부모의 지혜다. 그래야 자녀는 스스로 삶의 주인이 되어 살아갈 수가 있다.

누군가는 "오늘날 우리나라 가정에는 어른은 없고 학부모가 있을

뿐"이라고 했다. 자식의 공부에 방해되는 조그마한 장애물이라도 앞
장서 제거해주는 '잔디 깎기 맘'이나 평생 자녀 주위를 맴돌며 자녀
의 일이라면 무엇이든지 발 벗고 나서는 '헬리콥터 맘'만이 존재한다
고 비판한다. 이러한 현상은 우리나라 부모들의 불안한 심리를 단적
으로 보여주는 예이다.

여기서 우리는 헤밍웨이 아버지의 자녀교육을 주목할 필요가 있
다. 어릴 때부터 자녀에게 작은 일부터 스스로 할 기회를 제공하라.
그것을 성취하는 기쁨을 맛보게 하라. 그리고 비록 실패하더라도 마
음껏 격려하라. 그래야 다시 일어서서 도전을 할 수 있는 용기를 얻
는다. 자신이 하는 일을 스스로 신뢰하고 자신감을 얻게 된다. 진정한
천재는 도전과 모험을 즐긴다. 우리 청소년들에게 가장 부족한 것이
바로 모험심이다. 그것은 어린 시절 부모들의 격려와 지지에서 생겨
난다.

아이를 몹시 궁금하게 만들다
- 괴테의 어머니 -

●

●

💙독일문학의
　최고봉 ──

　요한 볼프강 폰 괴테(Johann Wolfgang von Goethe, 1749~1832)는 독일의 시인, 소설가, 극작가이자 정치가이다. 그는 독일문학을 세계적 수준으로 끌어올린 18세기 고전문학을 대표하는 인물이다. 일기체 소설 〈젊은 베르테르의 슬픔〉의 대성공으로 괴테는 전 세계에 이름을 떨치게 된다. 평생을 바쳐 쓴 희곡 〈파우스트〉는 호메로스의 서사시와 셰익스피어의 희곡에 비교될 만큼 위대한 걸작으로 평가받으며 세계적인 대문호로 칭송되고 있다.

　괴테의 천재성을 두고 《인물세계사》에서는 이렇게 소개하고 있다.

독일문학의 최고봉을 상징하는 괴테의 생애를 돌아보면 '거인'이라는 표현이 딱 어울린다. 80년이 넘는 긴 생애 동안 활동하며, 〈젊은 베르테르의 슬픔〉 같은 베스트셀러에서 〈파우스트〉 같은 대작에 이르기까지 다양하고도 폭넓은 작품을 내놓았기 때문이다. 그래서였을까. 나폴레옹은 1808년에 괴테를 만나고 다음과 같은 묘한 말을 남겼다. "여기도 사람이 있군." 당대 최고의 영웅이며 천재로 칭송되던 나폴레옹이 괴테를 자신에 버금가는 인물로 인정한 것이야말로 최상의 찬사로 여겨진다.

천재는 천재가 알아본다는 말이다.

요한 볼프강 폰 괴테는 1749년 8월 28일, 프랑크푸르트 암 마인에서 태어났다. 귀족은 아니었지만 비교적 넉넉한 중산층 집안에서 자라나며 어려서부터 문학과 예술을 가까이 접했고, 8세에 시를 짓고 13세에 첫 시집을 낼 정도로 조숙한 문학 신동이었다. 부친의 권유로 대학에서는 법학을 전공하고 고향으로 돌아와 20대 초반에 변호사로 개업했지만, 괴테의 관심은 법률이 아니라 문학 쪽으로 기울어져 있었다. 이때부터 그는 여러 문인과 교제하고, 광범위한 독서에 몰두하며, 시와 희곡 등을 습작한다.

지적 호기심을 자극하라

세계적인 대문호 괴테는 역사상 가장 뛰어난 천재 중 한 명이라는 평을 받는다. 천재 괴테의 풍부한 스토리는 어디서 생겨난 것일까? 이 물음에 가장 적절한 대답을 제공한 이는 징기스칸연구원 대표 법천이다. 그는 천재 괴테를 키워낸 것은 어머니의 육아 방법이라고 주장한다.

괴테의 왕성한 스토리 창작력은 그가 어린 시절 상상력이 아주 풍부했던 어머니의 호기심, 지적 자극으로부터였다는 것을 반드시 알아야 한다. 괴테의 어머니는 상상력에서 나오는 이야기들로 아들의 흥미를 한껏 북돋우고 호기심을 유발시키면서 키웠다.

괴테의 어머니 엘리자베스도 이렇게 회고했다.

바람과 불과 물과 땅. 나는 이것들을 상상의 나라의 아름다운 공주로 바꾸어 내 어린 아들에게 아주 재미있는 이야기로 들려주었다. 그러자 자연의 모든 것들이 훨씬 깊은 의미를 띠기 시작했다. 밤이면 우리는 별들 사이에 아름답고 화려한 길을 놓았고, 생각이 깊고 고귀한 위대한 정신들을 많이 만나곤 했다.

어린 괴테에게 천재성을 일깨운 것은 어머니의 상상력이었다. 어머니의 스토리 덕분에 괴테는 아름다운 자연이야기 속에서 위대한 정신을 만났다. 어머니와 어린 괴테 사이의 대화는 서로에게 지적인 호기심을 불러일으키고 상상력을 자극했다. 어린 시절 어머니와 아들 사이의 문학적 교감이 풍부한 상상력을 낳은 것이다. 이러한 자극은 괴테가 수많은 이야기를 즐겁게 지어내는 데 큰 도움이 되었다.

상상력으로 이야기를 완성하다

괴테의 어머니는 어떻게 아이를 길렀을까? 이 궁금증에 대해 장화, 금파의 《위대한 자녀교육》은 자세하게 답을 해준다. 한마디로 어릴 적에 아이에게 이야기를 들려주며 상상력을 키우는 교육을 했다.

괴테의 어머니는 프랑크푸르트 시장의 딸로 명문가에서 태어났지만 오만하지 않고 매우 상냥하고 자상한 성품을 지녔다. 어린 괴테를 잠재울 때 전래동요를 자장가의 리듬에 맞춰 불러주었다. 문학적 상상력이 뛰어났던 어머니는 괴테가 두 살이 될 무렵부터 매일 밤 이야기를 들려주었다. 처음에는 쉬운 이야기부터 짧게 들려주다가 점점 분량과 난이도를 높여나갔다. 그녀는 아이가 스스로 다음 이야기를 상상할 수 있도록 유도했다. 이야기를 들려주다가 클라이맥스 부분에서 중단하고 아이에게 질문을 던졌다.

"그래서 다음은 어떻게 되었을까? 네가 한번 생각해보고 내일 엄마에게 들려줄래?"

바로 이것이다. 천재의 상상력을 이끌어낸 것은 어머니의 질문이다. 어린 괴테의 다음 행동이 어떠했을까? 괴테뿐만 아니라 어느 아이라도 숨죽이며 듣고 있던 이야기를 엄마가 중간에서 끊고 상상해보라고 하면, 다음 이야기가 궁금해서 죽을 지경이 될 것이다. 괴테는 밤마다 잠자리에서 마음껏 상상의 날개를 펴고 어머니가 들려주던 다음 이야기를 만들어보았다. 자신이 만든 이야기를 할머니에게 먼저 들려주고 토론하면서 마음에 드는 이야기가 나올 때까지 생각을 거듭했다.

다음 날 괴테는 어머니에게 자신의 이야기를 들려주었다. 그러면 어머니는 아들의 이야기와 원래의 이야기를 비교해주었다. 아이의 이야기가 논리에서 벗어나면 다시 생각하여 이야기를 지어보게 했다. 이러한 이야기 훈련으로 어린 괴테는 자신의 생각을 논리적으로 정리할 수 있는 힘을 키웠다. 그리고 언제부터인가 오히려 어머니의 이야기를 도중에 멈추게 하고 스스로 끼어들어 자신의 생각을 말하기 시작했다. 어린 시절 어머니와 주고받았던 이야기들은 이후 괴테가 창작활동에 큰 자산이 되었다. 세계문학의 한 천재는 이렇게 태어난 것이다.

괴테는 자신의 부모에 대해 이렇게 회고했다.

내가 작가가 될 수 있었던 것은 모두 우리 부모님이 주신 몸과
마음의 유산 덕분이다. 아버지로부터는 건장한 체격과 진지한
생활태도를 이어받고, 어머니로부터는 이야기의 즐거움과 행복
을 알게 되었다.

천재를 낳는 자녀교육에 대해 이보다 더 명쾌한 설명이 어디 있겠
는가? 천재를 만드는 데 가장 소중한 유산은 바로 부모의 건강한 몸
과 건강한 정신이라는 말이다.

천재 괴테의 탄생은
무엇을 말하는가?

괴테의 경우를 보면 천재를 만드는 것은 너무나도 쉽다. 아이를 생
각하는 존재로 만들면 된다. 스스로 생각만 하면 상상력과 두뇌가 엄
청나게 발달한다. 괴테의 어머니는 무엇으로 아이를 생각하게 만들
었는가? 세 가지 핵심 도구를 사용했다. 하나는 전래 동화나 동요이
고, 둘째는 호기심 어린 질문이고, 셋째는 베드타임 스토리(Bedtime
Story)이다. 이것들을 가지고 부모가 아이와 짝이 되어 시간 날 때마
다 함께 놀아주는 것이다. 이것이 자녀교육의 전부다.

우리말로 된 전래동화책을 함께 읽은 뒤 책을 덮고서 아이에게 그 줄거리를 대충 이야기하도록 시켜보라. 그리고 스토리 중간에 질문을 던져서 주인공이 왜 그런 행동을 했을까를 생각하게 해보라. 세상에서 가장 편안한 잠자리에 누워 재미있는 이야기를 들려주다가 클라이맥스 부분에서 딱 멈추어보라. 나머지는 아이가 마음대로 상상의 날개를 펴고 지어보게 하라. 그러면 아이는 아마 꿈나라에서조차 이야기 속을 거닐게 될 것이다.

이렇게 되면 아이는 배우는 것이 정말로 행복한 일이라는 것을 맛보게 된다. 배움의 즐거움을 느끼게 하는 것이 가정교육의 핵심이다. 부모와 아이가 이야기를 통해서 서로 공감하고 하나가 되면 가능하다. 아이는 저절로 배움에 흥미를 느끼고 의욕이 생겨날 것이다. 이러한 즐거운 경험을 가정에서 제공할 수 있는 사람이 바로 부모다. 괴테의 어머니가 아이에게 배움의 즐거움을 맛보게 한 것, 이것은 세계적 천재를 많이 배출하는 나라 이스라엘의 가정교육과 맥을 같이한다.

어릴 때부터 우리 아이들을 과외선생이나 학원에 위탁하는 것은 소중한 가정교육의 기회를 박탈하는 것이다. 천재를 낳는 것은 돈이 아니다. 부모의 생각이 천재를 낳는다. 헤르바르트는 "부모만큼 자연스럽고 완벽한 교육자는 없다"고 했다.

가르치기 전에 몸소 보여주다
- 율곡의 어머니 -

부모는 자녀인생의
나침반이다

신사임당(申師任堂, 1504~1551)은 시와 그림에 능한 예술가이자 율
곡 이이를 낳은 훌륭한 어머니이다. 사임당은 그리 길지 않은 삶을 살
았지만, 훌륭한 작품을 남긴 천재 화가로서, 위대한 학자이자 정치가
였던 율곡 이이의 어머니로서, 그리고 현모양처를 상징하는 인물로서
5세기가 지난 오늘날에도 여전히 추앙받고 있다.

사임당은 1504년 외가인 강원도 강릉에서 서울사람인 아버지 신
명화와 강릉사람인 어머니 용인 이씨 사이에서 다섯 딸 중 둘째로 태
어났다. 사임당은 외가에서 태어나서 결혼 후에도 줄곧 친정에서 살

왔다. 이것은 사임당의 삶과 자녀교육에 여러 가지 의미가 있다.《인물한국사》에 따르면 사임당은 7세 때부터 스승 없이 그림 그리기를 시작했다. 세종 때 안견의 〈몽유도원도〉, 〈적벽도〉, 〈청산백운도〉 등의 산수화를 보면서 모방해 그렸고 특히 풀벌레와 포도를 그리는 데 남다른 재주가 있었다. 사임당은 어머니와 외조부모와 더불어 오죽헌에 살면서 외가를 통해 시와 그림, 글씨 등을 전수받았다.

1522년 19세의 나이로 사임당은 덕수 이씨 가문의 이원수와 결혼한다. 이후 21세에 맏아들 선, 26세에 맏딸 매창, 33세에 셋째 아들 율곡 이이를 낳는 등 모두 4남 3녀를 낳아 길렀다. 결혼 후에도 사임당은 38세 때 서울 시집에 정착하기까지 근 20년을 친정어머니와 함께 살았다. 용인 이씨 가문에 아들이 없어 딸인 신사임당이 아들처럼 어머니를 모신 것인데, 조선 초기까지도 전통적인 친정살이 혼인 풍습이 이어졌기 때문에 가능한 일이었다. 강릉에서 홀로 계시는 어머니의 말동무를 해드리는 사이에 셋째 아들 율곡 이이를 낳았다.

스스로 호를 지은 여성 군자, 사임당

유교문화가 지배하던 조선시대에 여자로서 후대에 이름을 남기는 것은 쉬운 일이 아니다. 그런데도 역사 속 인물 중에 왜 사임당은 유독 우리의 기억에 생생히 떠오르는 것일까? 그 배경에는 여성에게도 재능을 키울 수 있는 기회를 준 가정교육에 있다. 지금까지 사임당은 우리에게 훌륭한 자녀를 키운 현명한 어머니로서, 한 가정에서는 지혜롭고 선량한 아내로서, 부모에게는 지극한 효성을 다한 자식으로 널리 알려져 왔다. 한마디로 사임당은 대한민국을 대표하는 '현모양처'의 모델이었다. 그러나 임혜리의 《사임당: 현모양처 신화를 벗기고 다시 읽는 16세기 조선 소녀 이야기》는 우리에게 사임당에 대한 새로운 안목을 갖게 한다. 우리에게 새로운 렌즈를 제공하여, 기존 시각에서 벗어나 신사임당의 진면목을 보게 한다.

그 시대에는 역사에 남을 뛰어난 예술가이자 인재도 여자라는 이유로 이름을 남길 수가 없었다. 그러나 사임당은 이름 대신 호를 당당하게 가졌다. 스스로 호를 지어 자신의 붓글씨와 그림에 낙관으로 사용했다. '사임당(師任堂)'이라는 호는 태임을 본받는다는 뜻이다. 태임은 중국 주나라의 뛰어난 임금 문왕의 어머니이다. 태임 부인은 어질고 지혜로워 백성들의 존경을 한 몸에 받았던 인물이다. 사임당은 삶의 지표가 될 성현(태임)을 평생 마음속에 스승으로 모셔두고, 자신을 도덕적으로 완성하고자 노력하는 군자정신의 소유자였다. 나아가 어린 나이에 글공부를 하고 스스로 뜻을 세워 당호를 지었다는 것은, 한 인간으로서 세상의 주인이 되어 살아가려는 의지의 표현으로 볼 수 있다.

현모양처 이전에 천재 예술가였다

사임당은 조선 최초의 '알파걸'이라 불리기도 한다. 모든 분야에서 뛰어난 첫째가는 여성을 알파걸이라 부른다. 그녀가 뛰어난 재능을 발휘할 수 있었던 이유는 무엇이었을까? 그 시대에 딸들에게도 글공부를 시킨 이례적인 가풍 덕분이다. 사임당은 어릴 적부터 강릉 외가에서 자라면서 외할아버지에게서 글을 배웠다. 게다가 인품이 너그러운 아버지는 한양에서 강릉 처가를 오가면서도 영민한 사임당을 지극히 사랑했다. 사임당은 유복한 집안에서 외조부모와 아버지의 사랑을 듬뿍 받으며 경전을 읽고 마음껏 그림을 그릴 수 있었다.

사임당은 여섯 살 때부터 혼자서 그림을 그리기 시작했다. 그녀의 재주가 남달랐다. 마을잔칫 날 어느 부인이 빌려 입고 온 치마에 얼룩이 묻어 걱정을 하자, 순식간에 치마폭에 탐스러운 포도 알을 그려 흔적을 없앤 일화는 유명하다. 〈베스트베이비〉의 기자 박시전은 '신사임당에게 다시 배운 자녀교육법'에서 사임당을 가슴에 열정을 가진 당대 최고의 화가이자 시와 글에 능한 예술가로 평한다. 사임당은 40여 점의 수묵화와 채색화를 남기며 안견, 김홍도, 신윤복, 장승업과 어깨를 나란히 견주며 자신의 이름을 남긴 당당한 화가였다고 주장한다.

이렇게 당대에는 천재화가로 유명했던 사임당은 17세기 중엽부터 현모양처로 평가되기 시작한다. 《인물한국사》에 따르면 아들 율곡이 유학자들의 존경의 대상이 되자, 우암 송시열이 사임당을 천재 화가보다는 율곡을 낳은 어머니로 부각하며 칭송했기 때문이라고 한다. 그러나 사임당은 우리가 생각하는 현명한 어머니, 좋은 아내, 효성이 지극한 자식이기 이전에 스스로 자신의 삶을 개척한 한 천재 예술가였다.

우리나라 최고의 홈스쿨링

이이(李珥, 1536~1584)는 조선 중기의 대학자이자 정치가이다. 호는 '율곡'이다. 문인이자 예술가였던 신사임당의 아들이며, 퇴계 이황과 함께 조선을 대표학자로 손꼽힌다. 우리나라에서 가장 학식이 뛰어나고 어질기로 이른 난 명현(名賢) 열여덟 분 가운데 한 분이다. 이이는 1536년에 강릉 외가에서 태어나서 줄곧 그곳에서 자라났다. 어머니인 신사임당은 덕이 높고 학문과 글, 그림에 능한 문인이자 예술가였다. 이이는 일찍이 어머니에게 학문을 배웠는데, 세 살 때 글을 깨우칠 정도로 총명했다고 한다. 열세 살에 처음 진사 초시에서 장원으로 합격했고, 이후 아홉 번에 걸쳐 장원으로 급제하면서 '구도장원공(九度壯元公)'이라고 불렸다.

훌륭한 인물 뒤에는 언제나 훌륭한 어머니가 있다. 서양에는 괴테의 어머니가 있고, 중국에는 맹자의 어머니가 있으며, 한국에는 율곡의 어머니 신사임당이 있다. 자녀교육의 대표적인 성공사례로 신사임당은 참으로 많이 언급된다.

사임당의 자녀교육은 무엇이 다른가? 우선 사임당은 일곱 자녀를 당시의 서당에 보내지 않고 스스로 가르쳤다. 아들 율곡은 '학문에 있어 자신의 스승은 어머니뿐'이라고 했다. 그 말은 사임당이 직접 사서삼경을 가르칠 정도로 충분한 학식을 쌓았다는 뜻이다. 사임당은 책을 읽지 않는 날이 없을 정도로 배움을 게을리하지 않았다. 자녀를 교육하려면 먼저 스스로 솔선수범하여 본보기가 되어야 한다고 생각했던 것이다. 오늘날 우리의 자녀교육과 비교해보라. 우리는 눈만 뜨면 아이를 놀이방, 어린이집, 영아반, 유아반, 유치원, 가정교사나 학원으로 보내는 부모들이 많다. 자녀가 어려서부터 모든 교육을 남에게 위탁하고 있는 것이다. 사임당은 가정에서 아이가 인격적으로 성장할 수 있도록 도와주는 홈스쿨링 교육을 했다. 어느 교육이 아이의 성장에 진정으로 도움이 될 것인지를 생각해보라.

현모는 자기 삶을 희생하지 않는다

오늘날 많은 부모들은 자녀를 위하여 자신의 삶을 희생하며 산다.

그러나 사임당은 그러하지 않았다. 고유한 재능을 스스로 계발하고 인격을 도야하여 자기만의 삶을 당당하게 살았다. 자녀들은 그러한 어머니의 삶을 보고 자연스럽게 성장했다. 유정은의 《사임당 평전》은 사임당이 결혼을 이유로 자신의 재능을 희생하지 않았음을 보여준다. 우리는 사임당의 예술작품들이 대부분 결혼 후에 자녀들을 낳고 기르는 기간에 만들었다는 것을 주목할 필요가 있다. 어머니로서 할 일을 하면서 자신의 학문과 예술세계를 만들어나간 것이다. 자녀를 위해서 자기의 삶을 포기하지 않았다. 부모가 자신의 성장을 위해 노력하는 모습이야말로 최상의 자녀교육이다. 이때 부모의 자기계발과 자녀교육은 한 가지 일이 될 수 있다.

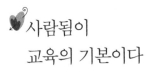

사람됨이
교육의 기본이다

자녀를 가르치기 전에 사임당은 자기수양을 먼저 실천했다. 그가 추구한 삶의 근본은 궁극적으로 성인이 되는 것이었다. 성인(聖人)이란 인간 본래의 성품을 다하는 사람이며, 자기를 완전히 실현하는 사람으로, 유학에서 인간이 도달할 수 있는 최고의 경지이다. 이런 성인이 되기를 구하는 학문이 성리학이다. 《사임당 평전》에 따르면 사임당은 성리학의 가르침을 몸소 실천하며 성장했다고 한다. 일찍이 사서오경에 통달하여 높은 학문에 이르렀다. 강릉의 기품 있는 가문에서 자라난 환경 덕에 공자와 맹자, 주자학에도 깊이 심취한 것으로 보인다.

인간의 본성을 회복하고 자아를 실현하는 사람이 성인이라면 사임당은 분명 성인이 틀림없다. 그녀는 지극한 효성으로 늘 부모를 그리워하며, 부족한 남편에게도 어진 아내가 되고, 일곱 자식들에게는 제각기 자신의 재능을 펼칠 수 있도록 이끌어주면서도 자신의 학문과 예술 세계를 펼쳐나갔다. 그녀의 인생은 사람됨을 기본으로 하는 성리학을 몸소 실천했음을 보여준다. 본성을 회복하고 양심대로 살아가는 것이 사람됨의 기본이다. 이것이 7남매 홈스쿨링의 가장 중요한 과목이었다.

이러한 가정교육 덕분에 율곡은 특별한 스승 없이 어머니의 가르침만으로 대성현의 위치에 오를 수 있었다. 부모가 먼저 사람됨을 실천하면 자녀교육은 순리대로 이루어질 수 있다. 오늘날 청소년들의 심리가 지극히 불안한 것은 우리 부모들의 자기수양이 부족한 탓이다. 부모가 먼저 하늘을 우러러볼 줄 알고 사람을 사랑하는 마음을 가질 때 아이들의 마음도 활짝 열릴 수 있다. 부모가 해야 할 일이 바로 이것이다. 사람답게 살아가는 모습을 보여주는 것이 최상의 가정교육이다. 지금은 우리가 잃어버린 아름다운 가정교육을 살려야 할 때다.

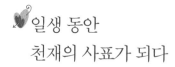

일생 동안
천재의 사표가 되다

율곡의 나이 16세에 자상하신 어머니 사임당은 갑자기 세상을 떠났다. 정향교의 《사임당을 그리다》에 따르면 율곡은 한동안 삶을 포기할 정도로 심리적 공황상태에 빠졌다. 간신히 마음을 추슬러 장례를 치르고 묘 옆에 움막을 짓고 3년 동안 예를 다했다. 그리고 어머니의 삶을 후세에 글로 남겨야겠다는 생각에 붓을 들었다. 태어나서 16년 동안 어머니와 함께 살며 보고 느낀 점을 눈물로 먹을 갈아 〈어머니 행장〉을 지었다.

어머니는 어렸을 때에 경전에 통했고, 글도 잘 지었으며, 글씨도 잘 썼다. 또한 바느질도 잘하고 수놓기까지 정묘하지 않은 것이 없었다. 게다가 타고난 품성이 온화하고 얌전하였으며 지조가 정결하고 거동이 조용하였으며 일을 처리하는 데 빈틈이 없었다. 뿐만 아니라 자상스러웠으며, 말이 적고 행실을 삼가고 또 겸손하여 아버지 신공이 사랑하고 아꼈다. 성품이 효성스러워 부모가 병환이 있으면 안색이 슬픔에 잠겼다가 병이 나은 뒤에야 다시 처음으로 돌아갔다.

어머니는 평소에 외할머니가 계신 임영을 그리워하여 밤중에 사람 기척이 조용해지면 눈물을 흘리며 울고 어떤 때에는 새벽이 되도록 잠을 이루지 못했다. 어머니는 평소 묵적이 뛰어났는데 7

세 때 안견의 그림을 본보기 삼아 산수도를 그린 것이 아주 절묘하다. 또 포도 그림을 그렸는데 세상에 흉내 낼 수 있는 사람이 없다. 그리고 그림을 모사한 병풍이나 족자가 세상에 많이 전해지고 있다.《율곡전서 권18》

매우 절제된 기록이지만 어머니에 대한 그리움이 절절히 드러나는 글이다. 아들 율곡에게 어머니 사임당은 영원한 스승이었다. 사임당의 교육사상이나 자녀교육 방법에 관한 직접적인 기록은 없다. 대신 우리는 이러한 자녀들의 글이나 작품을 통해서 사임당의 행적이나 교육관을 엿볼 수가 있다. 이 한 편의 글만으로도 우리는 사임당이 천재 율곡의 영원한 멘토였음을 알 수 있다.

가르치지 말고 보여주라!

짐작컨대 사임당은 이것을 자녀교육의 모토로 삼은 것으로 보인다. 그녀의 삶과 자녀교육을 살펴보면 이 말이 더욱 실감이 난다. 사임당은 자녀들에게 이렇게 하라 저렇게 하라고 가르친 적이 없다. 대신 자신의 삶을 통해 자식들에게 몸소 보여주는 교육을 실천했다. 이런 면에서 사임당은 '롤 모델링 교육의 선구자'라 할 수 있다. 어머니가 자녀에게 천재가 되라고 가르치기 전에 스스로 독서하며 천재 예술가의 삶을 산 것이다. 부모의 성장이 자연스럽게 자녀의 롤 모델이 될 수 있다. 가정교육에서 부모의 삶이야말로 최상의 교과서임을 보여준 것이다. 앞서 어머니 사임당보다 천재화가 사임당을 자세하게 묘사한 이유가 바로 여기에 있다.

'부모는 아이들이 세상에서 만나는 첫 스승이다.'

이것만 가슴에 새겨두어도 가정에서 자녀교육은 저절로 이루어질 수 있다.

아이는 부모의 그림자가 아니다. 사임당은 자녀들을 자신과 똑같이 만들려고 하지 않았다. 사임당의 교육관을 양주영은《新사임당 자녀교육》에서 이렇게 설명한다. "사임당은 일곱 아이를 모두 같은 모습으로 키우려하지 않았다. 오히려 자녀들이 제각기 자신의 삶을 찾아가기를 바랐다." 다만 자녀들이 본래부터 타고난 성격과 재능을 마음껏 발휘하도록 해주었다. 그 과정에서 사임당은 자녀가 무엇이 되기를 강요하지 않았다. 어머니 자신의 성장이 가장 중요한 밑바탕이 됨을 알았고 그것을 실천했을 뿐이다. 사임당은 자아를 실현했고, 자녀들은 그 모습에서 큰 가르침을 얻었다. 그녀의 삶에 대한 태도에 가정교육의 모범이 있다.

조선시대임에도 사임당은 자녀교육에서 아들과 딸을 구분하지 않았다. 그 바탕은 사임당 자신의 성장배경과 관련이 있어 보인다. 그녀는 어려서부터 외조부모와 부모로부터 남녀차별 없이 교육을 받고 자랐다. 사임당은 7남매 모두를 평등하게 교육한 덕분에 큰딸 매창은 시·서·화에 능했다. 매창은 어머니를 닮아 여성으로서의 부덕(婦德)을 갖추고 학문과 예술을 펼쳐 '작은 사임당'이라 불릴 정도로 성장했다.

사임당은 부모가 자녀를 가르치는 수직적인 관계가 아니라, 자식과 함께 배우는 수평적 관계의 모습을 실천한 교육자였다. 자식들에게 진정한 스승은 바로 이런 모습이 아닐까.《사임당 평전》은 남성 중심의 사회에서 사임당이 남성과 동등한 위치에서 집안을 운영하고 자녀들을 스스로 깨우치도록 도와준 교육의 선구자였음을 강조한다. 사임당은 남편에게 순종하고 자식에게 헌신하는 수동적인 여자가 아니라, 조선이라는 거대한 남성사회의 틀 안에서 당당하게 수기치인(修己治人)에 힘쓴 여성이었다.

스스로 뜻을 세우게 하라!

사임당은 부모가 자녀의 미래를 결정해주는 것이 아니라 '스스로 뜻을 세우라'고 가르쳤다. 뜻을 세우는 것이 학문의 시작이다. 사임당이 가장 애쓴 부분은 아이들 스스로 배우려는 마음을 갖도록 해주는 것이었다. 그것은 부모가 자녀들에게 배움의 즐거움을 맛보게 하는 것이었다.《역사 속 여성이야기》신사임당 편에 따르면 사임당은 몸이 허약한 맏아들 선에게 글공부를 서둘러 시키지 않았다. 대신 밥을 잘 먹고 몸을 많이 움직이도록 마음을 썼다. 일단 몸이 회복된 후 사임당은 선에게 글을 가르쳐주었고, 선은 어머니가 가르쳐주는 글공부에 재미를 붙여 시간 가는 줄 모르고 글을 읽게 되었다.

선의 여동생 매창은 일곱 살에 벌써 어머니를 따라 붓을 잡고 그림을 그렸다. 사임당은 매창이 그림을 그릴 때 그 모습을 곁에서 가만히 지켜보았다. 그림이 서툴러도 사임당이 붓을 들고 고쳐주는 일은 없었다. 딸이 스스로의 힘으로 그림 그리는 법을 알아가기를 원했기 때문이다. 사임당은 매창에게 집안일을 가르칠 때도 작은 것부터 하나씩 맡겨 차츰 혼자서도 잘할 수 있도록 했다. 이렇게 사임당에게 가르침을 받은 선과 매창은 동생들의 훌륭한 모범이 되어주었다. 사임당은 인자한 어머니였지만 아이들이 버릇없이 굴거나 말을 함부로 할 때에는 호되게 나무랐다. 글공부보다 중요한 것은 사람답게 행동하는 것이라 생각했기 때문이다.

사임당의 교육철학은 무엇인가? 조선시대 교육의 핵심은 바로 군자에 이르는 것이었다. 조선사회를 이끌었던 성리학은 하늘로부터 부여받은 인간의 본성을 실현하여, 그 덕을 함양하고, 훌륭한 인격을 완성하여 군자에 이르는 것을 목표로 삼았다.《사임당 평전》에서 저자는 "여성을 억압하던 조선시대에 여인의 몸으로 군자에 이른 사람이 바로 사임당"이라 했다. 스스로 군자가 되고자 노력했던 사임당은, 군자정신으로 자녀들을 교육했을 것으로 충분히 짐작이 되고도 남는다.

그것은 먼저 자신의 '몸과 마음을 닦는 수행을 하고 나아가 세상 사람을 다스린다'는 정신이다. 다음은 '위대한 성현(聖賢)을 본받아 자신을 도덕적으로 완성'하고자 하는 정신이다. 두 가지 정신을 몸소 실천하고 자녀들에게 가르친 사임당의 가정교육이 아들 율곡을 대성현의 위치에 오르게 한 것이다. 이 바탕 위에 조선의 성리학 체계를 완전히 구축한 대학자가 탄생한 것이다. 사임당의 넓고 큰 의식과 넉넉한 인품이 천재를 낳는 모태가 된 것이다.

천재의 출발은 가정이었고, 가정의 스승은 부모였다.

서로 행복한 성장을 위하여!

학부모들은
너무 피곤하다 ＿

수많은 교육도서는 자녀교육에 관한 조언들을 봇물처럼 쏟아내고, 입시설명회와 초청간담회는 대학입시정보로 넘쳐난다. 과연 지식정보의 폭발시대다. 쏟아지는 정보로 머리가 포화상태가 된 부모들은 정신이 어지럽기 그지없다. 쏟아주는 수많은 조언을 쫓아 좋은 부모가 되려니 머리에 쥐가 나고 너무나 피곤하다.

오늘도 우리 부모들은 자녀를 위한 '성공방정식'에 목숨을 건다. 정의석은 《학부모의 진짜공부》 서문에서 성공방정식을 이렇게 설명한다. 일차방정식은 학력이 높아야 사회적 지위와 경제적 부를 얻는다는 믿음이다. 이차방정식은 이로써 얻은 부가 자녀의 행복을 절대적으로 보장해줄 것이라는 믿음이다. 이러한 성공방정식에 대한 우리 부모들의 맹목적인 믿음은 여전히 확고하다. 성공방정식은 부모와 자녀 모두를 지치게 하고, 그 굴레에서 벗어나지 못하게 한다. 그것은 사교육기관의 정교한 마케팅 덕분이다. 그들은 대한민국의 신화가 바로 이 성공방정식에서 나왔다고 끝없이 홍보한다.

이것이 부모를 불안하게 만드는 공포마케팅이다. 자녀를 성공적으로 키우려면 절대 남들보다 뒤쳐져서는 안 된다는 말에 불안감이 엄습해온다. 그 두려움을 없애려고 기꺼이 주머니를 열 준비를 한다. 이렇게 부모들 사이에는 심리적 불안을 경제적 수단으로 해결하려는 사고가 널리 퍼진다. 이것이 최근 4년간 연속으로 사교육비가 증가하고 올해는 그 증가폭이 사상최대를 기록하는 이유다.

그러나 우리는 잘 알고 있다. 해마다 아이들에게 많은 교육비를 투자해도 투자에 비례하여 결과가 나오지 않는다는 사실을 말이다. 허리가 휘도록 돈을 벌어 아이에게 바쳐도 효과가 없다. 이 또한 부모에게 엄청난 스트레스다. 투자를 안 하면 불안하고 투자를 하면 속상한 것이 대한민국 학부모의 심정이다. 우리는 이 교육의 악순환을 언제까지 되풀이할 것인가?

절망하는 아이들의
눈빛을 보라! __

지난밤 늦은 학원수업으로 아이들은 수면부족에 시달린다. 게다가 학교선생님의 일방적 강의 앞에 속절없이 무너지는 아이들의 저 무거운 머리를 보라. 마치 봄 햇살 아래 꼬박꼬박 졸고 있는 닭장 속의 닭들의 모습이다. 간혹 깨어 있는 아이마저도 일사천리로 달리는 선생님의 수업에 주눅 들어 감히 질문을 던지지 못한다. 아이들은 수업의 구경꾼이 된 지 오래다. 스스로 날아보려는 시도도 하지 않는다. 학습된 무기력이 몸에 밴 것이다.

학교수업을 마치면 아이들은 또다시 학원으로 내달린다. 친절한 엄마의 계획표 아래 오늘도 아이는 잠들기 전에 가야 할 수 마일의 길이 있다. 영문도 모른 채 아이들은 다람쥐 쳇바퀴 돌듯이 돌고 있다. 점점 복습해야 할 것은 많아지고 혼자 익힐 시간은 적어진다. 오늘도 아이는 많은 것을 배웠다는 포만감에 잠이 든다. 그러나 다음 날이면 어제 배운 내용마저 기억이 나질 않는다. 또다시 하루 종일 지식을 받아먹기만 한다. 중간고사가 다가오면 아이는 지식의 과잉공급으로 소화불량에 걸린다. 정말 열심히 했는데 성적은 신통찮다. 공부에 대한 흥미는 점점 없어지고, 초라한 결과 앞에 아이들은 말없이 절망한다.

이미 아이들은 스트레스 덩어리이다. 학년이 올라갈수록 학업스트레스는 높아지고 공부와는 원수가 된다. 부모는 경제적 압박으로 힘들어하고, 아이들은 강요된 학습에 배움의 즐거움을 잃어버렸다. 서로를 힘들게 하는 사이에 부모와 갈등하는 아이는 집을 나가거나 학교를 떠난다. 이것을 어떻게 하면 좋을까?

가정교육이 살면
아이가 산다 __

희망은 가정교육의 부활에 있다. 가정은 행복을 낳는 베이스캠프다. 부모가 성장하면 아이는 절로 자란다. 가정교육이 바로 서면 학교교육이 살아난다. 학교교육이 살면 어지러운 사회를 밝혀줄 인재들이 태어난다. 그 첫 출발이 바로 가정이다. 가정에서 부모가 아이의 스승이 되어주어야 한다. 아버지가 가정의 정신적 멘토가 되고, 어머니는 아이들의 정서적 안식처가 되어야 한다. 맞벌이 부부도 얼마든지 할 수 있다. 낮 시간은 직장 때문에 어쩔 수 없다 하더라도 가족이 모이는 저녁시간이면 충분하다.

저녁시간에 아이들과 함께 노는 것이 필요하다. 예컨대 영유아에게는 아빠가 그림책을 보여주는 일부터 시작하면 된다. 먼저 인형을 가지고 놀면서 이야기를 해보라. 아이는 모국어를 자연스럽게 습득하게 된다. 그다음 재미있는 동화를 읽어주며 함께 이야기에 푹 빠져

보라. 아이가 말을 할 줄 알면 아빠에게 줄거리만 전달하도록 해보라. 그러면 아이에게 스스로 이야기를 구성하는 능력이 생긴다. 조금 더 나아가면 동화이야기를 바탕으로 인형극놀이를 하면 아이의 상상력은 놀라울 정도로 발달한다. 잠들기 직전에 부모가 들려주는 베드타임 스토리(Bedtime Story)는 아이의 두뇌를 가장 활발하게 자극한다.

부모가 가정에서 할 일은 매우 간단하다. 아이의 두뇌를 자극하기만 하면 된다. 그것은 아이에게 질문하는 것이다.

"너의 생각은 어떠니?"

질문을 던지면 아이는 생각을 하게 된다. 이것만큼 좋은 생각 훈련은 없다. 아이가 조금 더 성장하면 생활 속에서 일어나는 작은 일들을 놓고 토론하면 좋다. 아이들은 토론을 통해 공동체 생활에서 필요한 질서나 매너를 저절로 배우게 된다. 이처럼 일상의 사례를 놓고 가정에서 부모와 토론하는 것이 최고의 인성교육이다.

아이가 학교에 들어갈 정도가 되면, 책을 한 권 정해서 가족이 함께 독서하고 이야기를 나누는 것도 좋다. 아이가 학교에서 돌아오면 더 이상 밖으로 내보내지 마라. 대신 저녁시간에 오늘 학교에서 배운 것을 부모에게 가르쳐볼 기회를 주어라. 배운 것을 누군가에 가르쳐보는 사이에 아이의 메타인지능력은 크게 향상된다. 이것이 전국 0.1% 수재들이 공부하는 비결이다. 가정에서 부모가 조금만 도와주면 공부를 재미있게 할 수가 있다.

주말이나 휴가기간에는 자연으로 나가서 계절의 흐름을 느끼고 감성을 키울 수 있도록 하라. 아이는 자연의 위대함 속에서 호연지기를 배우게 된다. 자연의 큰 호흡을 통해서 의식이 넓어지고 시야가 트인다. 바로 이런 것들이 세계적인 천재들의 부모가 한 가정교육이다. 너무 간단하고 쉬워서 누구라도 실천할 수가 있다. 더 이상 '자녀의 성공방정식'에 목숨 걸지 말고, 넓고 큰 의식으로 자녀를 키워라. 그래야 모두가 행복해질 수 있다.

큰 의식이
큰 인물을 낳는다 __

자녀를 교육하는 목표가 무엇인가? 아이가 스스로 건강한 삶을 살아갈 수 있도록 도와주는 일이다. 심신이 건강한 아이는 스스로 행복할 뿐만 아니라 사회에 쓸모 있는 인간으로 성장한다. 한 인간이 성장한다는 뜻은 곧 부모로부터 독립하는 일이다. 아이는 부모로부터 온전하게 독립할 때 비로소 성숙한 한 인간으로 살아갈 수 있다.

오늘날 우리나라 청소년들은 부모에게 의존하는 경향이 크다. 부모가 아이의 인생에 네비게이터 역할을 할수록 아이는 점점 더 자신의 삶에 방향성을 잃어간다. 헬리콥터처럼 부모가 아이 주변을 맴돌수록 아이는 무기력해지고 주체성을 상실하기 마련이다. 삶의 방향성을 잃어버리고 주체가 아니라 객체로 사는 아이가 어떻게 행복할 수 있겠는가? 아이가 삶의 주인으로 살아가도록 도와야 한다.

아이를 독립시키기 위해서는 부모의 결단이 필요하다. 자식에 대한 집착을 단박에 내려놓아야 한다. 이것이 큰 의식이고 지혜다. 자식에게 집착할수록 결과는 자녀뿐만 아니라 부모인 당신까지 힘들게 한다. 자식을 당신의 뜻대로 기르려 하면 아이는 견디지 못해 '가출'을 하지만, 자녀의 뜻대로 살아가도록 도와준다면 자녀는 어엿한 성인으로 성장하여 '출가'하게 될 것이다. 내 품의 자식을 놓으면 더 큰 세상의 자식을 얻을 것이다.

아이를 믿고 놓아버려라! 이 땅의 부모들이여, 이제 모든 불안을 떨쳐버리고 아이들을 믿어라. 당신이 믿는 만큼 아이는 성장한다. 아이로부터 한 걸음 물러나서 크게 바라보라. 그래야 믿을 수 있다. 생각을 크게 해야 비로소 길이 보인다. 나아가 자녀를 잘 키워야 한다는 강박관념을 놓아라. 자식을 위해 반드시 무엇인가를 해야 된다는 생각마저 버려라. 그리고 자녀를 바꾸려는 생각도 내려놓아라. 지금 당신에게 필요한 것은 믿고 버리는 것이다. 당신이 멀리 크게 볼 수 있어야 스스로도 마음이 편하고 자녀도 행복하게 성장한다. 부모가 큰 의식이어야 큰 인물을 낳을 수 있다.

아름다운 청년은
어떻게 사는가? ──

이 땅의 청소년들이 삶의 주인공이 되어 생기 넘치게 살아가는 모습을 그려본다. 공부 스트레스에 찌들어 비몽사몽간 수업 받던 아이들이 활짝 깨어나 초롱초롱한 두 눈에 궁금함이 가득하기를! 자신의 하루를 성찰하고 맑은 정신을 되찾아 넉넉하고 편안해진 모습을! 대자연 속에서 호연지기를 배워 세상을 다 품을 수 있는 큰 마음그릇을! 그리하여 일체의 다름을 인정할 줄 알고 스스로 다양해진 개성 있는 모습을! 친구들 간에 우애가 좋고 사람 사이에 정이 넘쳐 서로 도우며, 일 속에 웃음소리가 끊이지 않기를! 늘 양심이 깨어 있어 남을 이롭게 하려는 청년들의 모습을! 이것이 바로 대한민국 홍익인간 교육 아닌가?

아름다운 청년의 모습은 바로 당신에게 달렸다. 부모들이 가정에서 큰 의식을 가진 행복한 스승이 되어주면 좋겠다. 그 행복한 마음으로 아이들을 좀 느긋하게 지켜보는 여유를 가지면 좋겠다. 그래서 닭장 속에 갇힌 아이들을 훨훨 날아가도록 생각의 울타리를 걷어내면 좋겠다. 이것이 바로 아이들의 본성을 회복하여 성장하도록 도와주는 길이다. 그러면 집집마다 행복한 천재들이 쏟아져 나와 이 땅에는 다양한 천재들이 넘쳐날 것이다. 그들이 세상을 밝히고 세계의 정신을 리드하는 날이 곧 올 것이다. 세계 곳곳에서 대한민국의 정신문화를 배우러 오는 그 날을 나는 간절히 소망한다.

천재를 발견하는 것은 새로운 아이를 찾는 것이 아니라 새로운 안목을 갖는 일이다.